삼국지에서 배우는
인생수업

삼국지에서 배우는
인생수업

펴낸날 2016년 7월 10일 1판 1쇄

지은이 김영래

펴낸이 김영선
교정·교열 이교숙
디자인 차정아

펴낸곳 (주)다빈치하우스-미디어숲
주소 경기도 고양시 일산서구 고양대로632번길 60, 405호
전화 02-323-7234
팩스 02-323-0253
홈페이지 www.mfbook.co.kr
출판등록번호 제 2-2767호

값 14,800원
ISBN 979-11-5874-012-2 (03300)

이 도서의 국립중앙도서관 출판예정도서목록(CIP)은 서지정보유통지원시스템 홈페이지(http://seoji.nl.go.kr)와
국가자료공동목록시스템(http://www.nl.go.kr/kolisnet)에서 이용하실 수 있습니다.
(CIP제어번호: CIP2016013406)

삼국지에서 배우는

인생수업

김영래 지음

미디어숲

차례

프롤로그 왜, 지금도 삼국지인가

PART 1
삼국지, 그 인간의 조건들

PART 2
삼국지, 그 삶의 조건들

PART 3
삼국지, 인물별 인재수업

왜,
지금도 삼국지인가

사람은 누구나 '지·정·의知·情·意'라는 힘을 지니고 있다. 지는 곧 '지성'이요, 정은 '감성'이며 의는 바로 '의지'다. 이 세 가지 힘은 인간이 행동함에 있어 그야말로 큰 영향을 미친다는 것은 누구나 한결같이 의견을 같이 하는 바일 것이다.

오늘날에도 이와 같이 인간에게 갖추어진 '힘'이 작용하고 있음은 두말할 나위도 없거니와, 시대적인 상황을 생각해볼 때 '지와 정과 의'를 다른 관점에서 바라본다는 것도 참으로 흥미 있는 일이다. 흥미가 있다고만 하기보다는 어쩌면 요즈음의 지식정보사회의 상황을 비추어볼 때, 일종의 발상전환의 힌트마저 얻을 수 있는 것이다.

이를테면, 지와 정과 의는 바로 지혜와 정보와 의지가 모여 쌓인 것이다. 비즈니스 행동 면에서 말하면, 지금 요구되고 있는 것은 바로 '시대를 앞질러 가는 지혜'이며, 아울러 '새로운 사업과 기술 및 일자리를 파악하고 찾아내는 정보', 그리고 '정체를 타파하며 정진하는 의지'이다. 물론 이 세 가지 요소에 있어서도 '지·정·의' 본래의 뜻인 지성이나 감성, 의욕의 힘을 전제로 하고서 하는 말이다.

다만, 그 본래의 '지정의'는 한마디로 말해서 좁은 의미로서의 개인과 관련된 정적인 '힘'인데 비해, 지혜, 정보, 의지는 넓은 의미로서의 조직과 단체와 관련되는 동적인 '힘'이라고 생각해도 좋을 것이다.

지혜, 정보, 의지 따위는 그것들을 하나하나 개별적으로 바라볼 때는 아무것도 아닐 수 있다. 그러나 그것을 '새로운 하나의 혁신적이고 역동적인 '힘'으로서의 관점으로 보면 오늘날의 시대상황에서 요구되고 있는 개인은 물론 조직의 이미지로까지 바뀌는 것이다.

현재의 지식정보사회의 특징을 한마디로 말하라면 업종의 파괴와 새로운 직업과 일자리의 등장이라고 할 수 있다. 특히 지금까지 몸담고 있던 회사가 갑자기 국내외의 거대한 다른 자본과의 인수합병을 통해 전혀 다른 조직으로 바뀌는 변혁기의 진통을 겪고 있는 조직도 부지기수다. 지금까지 업종의 테두리로는 수용할 수 없게 된 기업들이, 다른 업종으로 간주하고 있던, 또는 새로운 분야로 연이어 과감하게 진출을 도모하고 있다.

그 예로 일본의 가전家電 기업들은 직접 채소 재배에 나섰다. 파나소닉은 2014년 싱가포르에 무와 배추 등을 재배하는 실내 농장을 짓고 생산에 착수했다. 여기서 생산한 채소를 싱가포르 현지에 공급한다. 후지쓰는 후쿠시마에서 상추 농장을, 샤프는 중동 두바이에서 실내 딸기농장을 운영 중이다. 반도체 등을 만들던 클린룸에서는 고부가가치의 친환경 채소를 재배하고 있다. 이것은 기업생존을 위한 필연적인 경영행동이라고 할 수 있다.

지금 수많은 기업이 경영의 다각화와 새 분야로의 진출을 위해 안간힘을 쓰고 있다. 본업은 내버려두고 무슨 수를 써서든지 새로운 신규 사업으로의 진출기회를 잡기 위해 필사적인 노력을 기울이고 있다. 그만큼 세계경제의 둔화와 저성장 등으로 경영환경이 악화되어 있다고 할 수 있겠다. 그렇다고 해서 앞뒤 분간도 하지 못한 채 함부로 좌충우돌한다고 되는 일은 아니다. 거기에 진정한 지혜, 정보, 의지가 없으면 결국 헛수고에 지나지 않을 것이다.

아울러 그러한 경영행동으로 옮기는 원동력이 되고 있는 것은 기업조직의 지혜이며 정보이고 의지이다. 그리고 또 그 새로운 '지·정·의'의 혁신적이고 역동적인 '힘'이 있는 기업만이, 업종파괴와 더불어 새로운 사업진출에 성공할 수 있을 것이다.

현시대는 상전벽해桑田碧海와 같이 세상의 변화가 극심하다고 해도 과언이 아니다. 그런 기본적인 인식조차 갖지 못하는 사람이나 기업이라면,

아무리 새 분야나 신규 사업에 있는 힘을 다 쏟는다고 해도 결코 올바른 성과를 기대할 수 없다. 하물며 몇 안 되는 사람들이 모여 아무리 구호를 외쳐본들 조직 구성원 등 구석구석까지 그 의도가 철저히 전달되지 않는다면 결실을 맺기가 어렵다.

사람은 선천적으로 자기중심적이고 제멋대로인 법이다. 자기 발등에 불이 떨어지지 않는 한, 대개는 강 건너 불구경하듯 방관하기 마련이다. 다시 말해서 그런 사람들은 '지혜도 내지 않고, 정보도 모으지 않고, 의지도 없다. 물론 그러한 사람이라 하더라도 개인적으로는 '지성도 있고 감정도 풍부하며, 의욕도 강한' 경우가 적지 않을 것이다.

그러나 시시각각으로 격변하는 이 시대에 있어서는, 개인도 조직도 좁은 의미의 '지정의'로는 대응할 수가 없으며, 적어도 다가오는 미래에 살아남기 위해서는 새로운 '지·정·의' 즉, 혁신적이고 역동적인 지혜, 정보, 의지가 없어서는 안 되는 것이다.

새로운 '지정의'가 필요불가결하다는 것은 현재의 상황이 상전벽해의 시대에 있기 때문이다. 그 변화는 표면적으로야 어쨌든 커다란 지각변동을 해가고 있다는 것은 확실하다. 세계적으로 침체된 저성장 속에서 경제국면을 타개하려는 움직임이 각국에서 일고 있다. 이런 때일수록 기업의 앞날은 더욱 어려운 국면을 맞을 수밖에 없다.

세상의 흐름이 창성→안정→파괴→혼미→창성······이라는 식으로 변천퇴어 가는 것이라면, 지금은 바로 '혼미'의 시대이며, 다시 '창성'으로 되돌아가려는 시기라고 해도 좋다.

이런 상황에 처하여 옛날부터 사람들은 어떻게 생각하고, 어떻게 행동해 왔을까?

사람이 개인으로서의 재능을 발휘하고, 또 집단으로서의 힘을 떨쳐야 하는 것은 대개 이런 혼미의 시대를 맞이해서이다. 고도성장을 하고 있는 시대라면 한번쯤의 좌절로 골치 아파할 필요도 없다. 주위의 좋은 환경의 덕을 입어 한 번이 아니라 칠전팔기도 가능하기 때문이다. 그렇지만 앞날의 전망이 불투명한 시대상황 아래서는 한 번의 좌절이 곧 치명적일 수가 있는 것이다.

역사적으로 볼 때 전국난세에서는 한 시대를 풍미한 무장들이 차례차례로 자취를 감추었으며, 자기 자신은 물론 일족까지 멸망케 한 수많은 사례가 있다. 그 좌절의 원인이 바로 앞서 말한 새로운 '지·정·의'가 결여된 데에 있음은 두말할 나위가 없다. 돌이켜보면 현재의 상황이 바로 '혼미'의 도가니다. 앞날의 전망이 어떻게 될지 확고하게 대답할 수 있는 사람은 아무도 없을 것이다. 커다란 시대 변화를 피부로 느낄 수는 있어도, 명확한 미래를 그릴 수 없는 안타까움이 있다. 그런 점에서 말한다면 현재의 시대는 확실히 '난세'라고 할 수 있다.

고금의 역사를 통해 볼 때 작금의 시대 상황은 고대 중국의 삼국시대를 방불케 한다. 후한 말부터 시작되는 소위 삼국지의 시대이다. 삼국지의 무대는 두말할 것도 없이 중국대륙이지만, 그 평면적인 전개는 시간과 공간이 협소해진 오늘날의 세계와 같다고 할 수 있을 것이다.

또한 개인 및 기업조직의 차원에서 생각해 보면, 삼국지시대 사람들의 삶의 형태가 현대를 반영하는 거울임을 새삼 깨닫게 된다. 위나라의 조조, 촉나라의 유비, 오나라의 손권, 그리고 제갈공명, 관우, 장비 등 우리들이 잘 아는 역사상의 인물들의 언행은, 현시대의 지식정보사회에 적지 않은 깨우침을 주고 있다.

예를 들면 삼국의 한 자리를 차지한 위나라의 시조 조조(무제)는 뛰어난 전술에 지략도 풍부하고 시詩에도 능한 인물로, 그의 인재등용의 기본방침은 '재능이 있는 사람만 천거하라'는 것이었다. 이는 그야말로 극히 당연한 일이라고 할 수 있다. 그러나 현실적인 문제로서 생각할 경우, 이 방침이 반드시 통용되고 있지만은 않다. 물론 재능의 유무를 어떻게 판단하느냐에 따라서 다르다는 생각도 있을 것이다.

그러나 인재등용 면에서 뿐만 아니라 평상시에도 사람이란 때때로 자기 형편에 알맞은 방향으로만 생각하는 경향이 있다. 하지만 시대환경이 좋을 때는 그러한 방법으로도 어느 정도 감쌀 수가 있어 괜찮을지 모르지만 혼미의 시대에는 그렇게 되지 않는다. 조그마한 실수가 조직의 기둥을 흔드는 일마저 발생할 수 있는 것이다. 하물며 요즘처럼 가치변혁기에는 종전과 다름없는 사고방식이나 기성개념에 사로잡힌 사고방식으로는 살아남을 수가 없다. 개인이나 또는 집단으로서의 조직인 경우라도 그것은 마찬가지다.

눈앞에 있는 큰 나무가 남산을 가로막고 있다고 해서, 그 나무가 남산보다 크다는 생각을 하는 사람은 없을 것이다. 그렇지만 막상 현실에 부딪치면 뜻밖에 그런 과오를 저지르기 쉽다. 알고 있으면서도 사물에 대한 사고방식은 좀처럼 바꿀 수가 없으며, 그것에 집착해 버리는 일도 적지 않다.

사람의 사고나 언행이라는 것은 지금까지 살아온 '삶'의 누적이라 할 수 있다. 그런 만큼 부단한 노력 없이는 그렇게 간단히 바꿀 수 없는 것이 일반적이며, 또 억지로 바꾸다가 파탄을 일으키는 일도 적지 않다. 세상이 어떻게 바뀌든 간에 자기의 생각대로 끝까지 밀고 나가는 사람도 많다.

만약 올바른 방향을 설정하고 그것으로 바꿀 수만 있다면 한 인간으로서 최고의 생활태도라고 할 수 있다. 다만 현실적으로 볼 때 그것은 극히 어려운 일이라 할 수 있겠다. 그 이유는 이른바 속세인 일반사회로부터 '해탈'하지 못하고 있기 때문이며, 한편으로는 이상을 부르짖고 있으면서도 다른 한편으로는 현실에 발이 묶여 있기 때문이다. 이렇게 되면 단순한 고집에 불과한 생활을 하고 있게 될 뿐이다.

가치변혁기에는 그런 행동의 방식은 통하지 않는다. 우리는 가치관이 변해 가고 있음을 이해는 하면서도 종전의 가치관에 매달려 있다. 이렇게 되면 반드시 어딘가에 무리가 생겨난다. 자기 자신이 자기모순으로 고민하게 될 뿐만 아니라, 이렇게 해가지고는 다른 사람들도 따라오지 않는다.

혼미의 시대, 가치변혁기를 가장 잘 살아갈 수 있는 방법이 한 가지 있다면 그것은 바로 '평범으로 돌아가는 것'이다. 더 알기 쉽게 말하자면 '자연에 따르기를 철저히 하는 것'이라고 할 수 있다. 평범한 것, 즉 자연스러운 모습보다 강한 것은 없다. 하루하루를 만족하며 배우고 익혀 자신의 부족을 채우고 소중한 이웃과 나누며 욕심을 비우며 살아가는 삶인 것이다. 한편, 일의 이치를 거역하면 나쁜 흐름에 휩쓸려 가는 것이 이 세상의 이치다. 욕심을 갖기 때문에 인간이라고 할 수도 있지만 때로는 욕심을 과감히 버릴 수 있어야 한다.

촉나라를 건국한 유비는 임종을 앞두고 제갈공명에게 뒷일을 부탁했는데, 그때 유비는 제갈공명에게 다음과 같이 유언을 남겼다.

"내 아들 유선에 대해 보좌할 만한 가치가 없다고 판단되면, 대신 제위에 오르도록 하라."

이는 혼미의 시대였기에 할 수 있었던 유비의 결단이었으리라. 이것은 한 사나이로서의 사리事理를 올바로 세우는 한 가지 방법이기도 했다.

한편, 유비로부터 후사를 부탁받은 제갈공명은 뛰어난 능력을 가지고 있으면서도 유비의 아들 유선을 돌보면서 생애를 마쳤다. 이런 제갈공명의 생활태도도 사리를 바르게 밀고 나간 사나이의 모습이었던 것이다.

제갈공명의 이런 생활태도를 흠모하며 매우 비슷한 삶을 살아온 경영자를 만난 일이 있다. 살아오신 이야기를 들어 보니 그 중에는 힘들고 고통스러운 면도 많았으나, 그야말로 초연한 삶의 경지에 도달한 사람이 이와 같은 분이 아닐까 하는 인상을 받은 적이 있었다. 그때 느낀 것이 인간의 행동이란 예나 지금이나 조금도 다르지 않구나 하는 것이었다.

삼국지의 세계는 현세다. 흥미진진하게 각색한 『삼국지연의三國志演義』만 하더라도, 인간행동의 진리에서 나온 것이며 그 나름대로 감탄을 금할 수가 없다. 그것은 마치 우리가 희극을 보면서 인간 그 자체의 꾸밈없는 얼굴을 엿볼 수 있는 것과 같다.

비즈니스의 세계에서는 바쁜 현실에 쫓기다 보면 앞서 말한 '평범으로 돌아가는 것'을 잊기 쉽다. 잊는다기보다 그런 것은 무의미하고 가치가 없는 것으로 생각해 버리기 쉬운 면도 있다. 어떤 의미에서는 마음의 여유가 없어졌기 때문이라고도 할 수 있겠다. 또 그런 상태로 스스로를 몰아넣음으로써 자기가 이상으로 삼는 생활방식을 잊고자 하는 심리가 작용하고 있는지도 모른다. 하지만 그것은 '평범'이라는 강한 힘을 깨닫지 못했기 때문일 수 있다.

확실히 현대는 눈부신 기술적인 진보와 발달이 두드러지고 있다. 그렇지만 그 진보마저도 『구약성경』「전도서」에서 볼 수 있듯이 '지금 있는 것은 언젠가 있었던 것이요, 지금 생긴 일은 언젠가 있었던 일이라. 하늘 아래 새 것이 있을 리 없다'라는 말처럼 천지가 뒤바뀔 정도의 것은 아니다. 모든 것이 나선형의 계단처럼(올라가고 있는지 내려가고 있는지 알 수 없지만) 되어 있는 것일 뿐이다. 인간행동의 경우는 보기에 따라서는 전혀 진보가 없는 구태의연한 상태에 있다고 할 수도 있다. 조조의 인재등용법이나 유비와 공명의 생활태도는 모두 현대에도 그대로 적용할 수 있는 일들이다. 그것을 지금 새삼스레 재인식하지 않으면 안 되는 것은, 그만큼 시대 상황이 비슷하기 때문이다.

삼국지에서 묘사되고 있는 여러 가지 인간교차 및 역사의 무대에 등장하는 인물들의 행동은 어제·오늘·내일의 사회를 살아가는 우리들 자신의 모습이다. 모습은 태고 때의 양상을 띠고 있겠지만 그 생활태도, 인간관계, 혹은 상황에 대응하는 방법, 결단하는 방법들은 1800년의 시공을 뛰어넘어 현대사회 속에 각기 그 '핵'을 만들어내고 있다.

오늘날 비즈니스의 세계는 극도로 긴장이 강요되는 상태라고는 하지만 개개인에게 있어서 삼국지의 시대처럼 목숨을 걸어야 하는 전제가 있는 것은 아니다. 살아남기 위해서는 지혜, 정보, 의지라는 새로운 '지정의'가 최대의 무기이며, 어떻게 그 무기를 활용하느냐가 중요한 과제로 되어 있다. 그리고 그 무기를 활용하는 원칙 같은 것을 이 책은 시사해줄 것으로 생각한다. 아니 삼국지에는 그것을 주고도 남을 역사의 무게가 있다.

2016. 6월
김영래

PART 1

삼국지,
그 인간의 조건들

> '진정한 군사적 천재는 패전 때 그 진가를 발휘한다'고
> 하지만 상황이 나빠지면 나빠질수록 사람의 본질이 나타나게 된다.
> 사람이 어떻게 생각하고 행동하느냐 하는 것도 역경일 때 그 본질이 잘 나타나는 법이다.
> 그러므로 그런 때에 자기가 어떻게 행동하느냐 하는 것은 물론이거니와
> 남들도 나의 언행을 세심하게 관찰하고 있다는 것을 명심해야 한다.

01
말기의 한왕조와
황건의 난

왕자王者와 패자覇者의 차이점

"왕자는 하루를 삼가(조심스럽게 가려서 한다)고 패자는 한 시時를 삼가고, 간신히 존재할 뿐인 나라는 위태로워진 다음에 이를 걱정하고, 망국은 망함에 이른 다음에 이것을 알고, 죽음에 이른 다음에야 죽음을 안다."

중국 전국시대의 대유학자 순자가 쓴 『순자荀子』에 나오는 구절이다.

순자는 맹자의 성선설에 대해 성악설을 주장한 인물이며, 예禮를 주로 하여 사람의 천성을 교정하고 도덕을 유지하려 했다.

왕자와 패자, 이 둘의 차이를 순자는 '외경畏敬(공경하면서 두려워함)'의 여하에 따라 구별하고 있다. 다시 말해서 하루하루를 소중히 하느냐, 하지 않느냐에 달려 있다는 것이다. 왕자는 하루하루를 '삼가는 날'로 지내려고 노력하는 데 비해, 패자는 '힘의 정치'로 달리기 때문에 한 시를 삼간다. 그런 만큼 때로는 여유를 갖지 못하는 것이다.

매일매일을 외경함으로써 매일매일 자기 자신의 평안을 얻을 수 있으며, 다른 사람과 비교했을 경우 우위성을 유지할 수 있다. 이것은 자주 지적되는 '여유의 유무'와 크게 관계가 있다고 할 수 있다. 아무리 업적을 올리더라도 거기서 '여유'를 전혀 느낄 수 없으면 안심할 수 없다. 때로는 팽팽하게 당겨진 밧줄 같은 상태도 필요하겠으나 그 상태가 항상 지속되고 있다면 위험해서 보고 있기가 두렵다.

『역경易經』속에 이런 구절이 있다.

"평안하더라도 위험을 잊지 않고, 존재하더라도 멸망을 잊지 않고, 안정되었을 때도 어지러워짐을 잊지 않는다."

모든 일이 순조롭게 진행되고 있을 때야말로 항상 위기를 염두에 두고 생각하고 행동하지 않으면 안 된다는 것이다. 이런 것은 '여유'가 있어야만 할 수 있는 일이다. 처음부터 끝까지 막무가내로 일을 밀어붙이고 있는 동안은 생각이 미치지 않으며 그 대처 방법도 생기지 않는다.

여하튼 왕자와 패자의 차이는, 이 '외경'과 '여유'가 있느냐 없느냐, 많으냐 적으냐에 있다고 할 수 있다. '외경과 여유'가 많으면 많을수록 그 행동에는 폭과 깊이가 생기게 된다. 눈앞의 일에만 사로잡혀 하루하루를 사고하고 행동할 때 이러한 '외경과 여유'가 없다면, 일시적인 성과는 바랄 수 있겠으나 진정한 성공을 거두기는 어렵다.

난세에서 행동할 때는 자칫하면 눈앞의 이익에 사로잡히기 쉬우며 패자의 길을 걷는 경향이 많다. 물론 혼미의 시대상황에 있어서는 패도覇道(인의를 가볍게 여기고 무력이나 권모술수로써 공리만을 꾀하는 일)도 또한 비약의 용수철 역할을 하는 경우가 적지 않다. 그것은 스포츠의 세계에서 말하는 헝그리 정신이 갖는 작용과 비유할 수 있다. 자신이 낭떠러지 끝에 서 있는지 어떤지를 분명히 자각하고 있는 사람과, 그렇지 못한 사람과는 자연히 행동 방법부터 다르다.

다만 여기서 정확하게 인식하지 않으면 안 되는 것은 진짜 헝그리 정신이란 '외경과 여유'가 뒷받침되고 있다는 점이다. 아무런 분별없이 막무가내로 돌진한다고 되는 것이 아니다. 물러설 여지가 없다는 것을 올바르게 인식한다면 자연히 올바른 행동을 선택할 수 있으며 가장 효과 있는 방법을 취하게 된다.

겉으로 보기에는 똑같이 저돌적으로 달리고 있는 듯이 보이는 경우라도 '외경과 여유'가 있는 사람과 없는 사람 사이에 분명한 차이가 생기는 것은, 그 사고와 행동의 근간을 올바로 인식하고 있는가 하는 여부의 차이다.

왕자와 패자의 차이, 진정으로 성공한 자와 일시적으로 성공한 자의 분기점은 바로 거기에 있다고 해도 과언이 아니다. 또 옛날부터 수많은 역사적 사실이 그것을 뒷받침해주고 있다.

역사의 전환기와 유랑민

삼국지의 시대는 왕자와 패자, 현자賢者와 우자愚者가 그 모습을 적나라하게 드러낸 시대다. 그 치란흥망治亂興亡의 세상에 등장한 인간군상은 단순히 아득히 먼 과거시대의 인물집단이 아니라, 오늘날에도 서로 통하는 인물 유형이며, 같은 사고와 행동을 가진 사람들이라고 할 수 있다.

그 시대는 사회체계가 밑바닥에서부터 바뀌어간 전환기였다. 즉 새로 일어난 호족세력의 신장, 주변 이민족들의 성장과 발전, 거기다가 후진 지역이었던 화남華南의 사회적, 경제적인 자립 등 고대에서 중세로의 발판을 쌓은 과도기라고 해도 과언이 아니다. 하나의 시대전환기, 가치변혁기라는 점에서는 오늘날의 생활과 매우 상통한 면이 있다고 할 수 있겠다.

당시의 사회정세는 해가 거듭될수록 심해지는 착취와 계속되는 천재로 인해 농촌사회 그 자체가 극도로 피폐했다. 본래 같으면 대지에 확고히 뿌리를 내리고 공동체를 영위할 많은 농민이 유랑민이 되고 만 것이다. 생활의 기초가 될 마을이 붕괴되어 갔던 것은 관리에 의한 착취, 천재, 기근 등 농민들의 살아가려는 의욕을 무너뜨려 버리는 것들이 겹겹이 나타난 데 따른 것이다.

특히 후한의 제12대 황제인 영제靈帝가 매관매직賣官賣職(돈이나 재물을 받고 벼슬을 시킴)을 하는 따위의 어리석은 짓을 했기 때문에, 관리들도 일반 대중을 착취하는 데에 혈안이 되어 있었다. 돌이켜 오늘날을 바라

보면 확실히 물질적으로는 풍요로워져 소위 물질적으로 착취당하고 있다는 느낌은 많이 사라졌다.

하지만 가진 자와 못 가진 자, 사회적 약자에 대한 무관심, 개인 역량과 조직의 힘을 혼동하는 자, 조직의 이익보다는 사사로운 개인의 이익을 도모하는 자, 권력의 우위에 있는 갑이 권리관계에서 약자인 을에게 하는 부당행위 등 이루 말할 수 없는 정신적인 착취와 고통을 당하는 일들은 연일 뉴스거리가 되고 있는 현실이다.

금전과 물질이 우선됨으로써 모든 것을 물질과 돈으로 해결하려는 풍조가 요즘을 살아가는 현실에 저급한 문화로 만연되고 있다. 설상가상으로 첨단기술의 급속한 발전은 종래의 산업구조를 뿌리째 변혁시키고 있을 뿐만 아니라, 노령인구의 증가와 늘어만 가는 가계부채 그리고 청년들의 일자리 부족으로 인한 실업자의 증가 등 그 중압감은 우리들의 정신에까지 강력한 영향을 미치고 있다.

현대인은 시대 조류의 급격한 변화를 정면으로 체험하고 있으며, 그로 인한 스트레스가 커지고 있다. 삼국지의 시대에 있어서는 대중이 물질적으로 몰렸으나, 현대는 오히려 정신적으로 몰리고 있다. 다만 물질적이거나 정신적이거나 간에 확고한 버팀목이 없다는 것만은 변함이 없으며, 사람의 의욕 그 자체가 표류하지 않을 수 없는 상황에 처해 있음은 확실하다. 거대한 시대의 흐름 앞에 한 개인으로서 대항할 수 있을 턱도 없으며, 그러나 그렇다고 해서 현실에 살고 있는 이상, 그 어떤 사람도 마음의 평온을 얻고자 하는 소망은 당연한 일이다.

혼미의 시대. 변혁의 시대일수록 대중은 영웅을 기다리고 바라며, 혹은 스스로의 마음속에 의지할 수 있는 그 무엇을 찾아내려고 애쓰는 법이다.

오늘날 대다수의 일반 대중이 표면적으로는 어쨌든 어딘가 만족스럽지 못하게 생각하는 것은, 시대의 흐름과 자기와의 틈을 잠재적으로 깨닫고 있기 때문일 것이다. 요컨대 개인으로서의 정신적 지주가 없는 것이다.

황건의 난은 바람부는 들판의 불길처럼

심신이 함께 표류하고 있던 농민들의 마음을 사로잡은 것은 태평도太平道였다. 태평도를 이끈 이는 장각이라는 사람이었다. 장각은 스스로를 '대현양사大賢良師'라고 일컫고 황제, 노자老子의 신령도神靈道를 신봉하며 많은 제자를 모으고 있었다. 일종의 신흥종교였던 셈이다.

부적을 지니게 하고 영수靈水를 마시게 했으며 주문을 외워 병을 고쳤는데, 좀 색다른 것은 그 전에 우선 신자를 무릎 꿇게 하고 깊은 배례를 하게 한 다음, 자기가 저지른 잘못을 고백시키는 것이었다. 이 방법으로 병을 고치자는 것이었는데 이상하게도 잘 나았다고 한다. 그래서 사람들은 앞을 다투어 그의 가르침에 귀의하게 되었던 것이다.

장각은 뛰어난 제자 여덟 명을 각지에 파견하여 그 교리를 편 결과, 10여 년 사이에 신도의 수가 수십만 명으로 늘어났다고 한다. 그런데 그 신자들이 유언비어를 퍼뜨리기 시작했다.

"창천蒼天은 이미 죽고, 황천黃天이 들어설 것이다. 그 해는 갑자년이며 천하는 대길大吉이다."

'창천'은 한漢나라 왕조를 가리키며, '황천'은 태평도가 원조로 우러러 모시는 황제를 의미한다. 즉 '한나라 왕조의 운명은 다하고, 머지않아 황천(태평도)의 시대가 온다. 그 해는 갑자년이며 천하는 태평해진다'는 것이다.

장각은 교단조직으로서 서른여섯 명의 방方을 두었다. 이 '방'은 장군이라는 호칭에 해당되는 것으로 '대방大方'은 일만 명 이상, '소방小方'은 육칠천 명의 신도를 지휘하는 지도자이다.

이 조직은 전국 각지에 퍼졌으며 특히 청주靑州, 서주徐州, 유주幽州, 기주冀州, 형주荊州, 양주揚州, 연주兗州, 예주豫州의 8주의 사람들은 거의 전부가 귀의할 정도였다고 한다. 교리에 매력을 느낀 것이 사실인지 모르나, 그와 동시에 난폭한 체제에 대한 불만과 반발이 사람들의 마음을 태평도로 움직이게 했을 것이다. 또 그 이전의 신앙이라고 할 수 있는 것은 자기들의 조상이나 토지가 대상이었다. 다시 말해서 혈연, 지연에 바탕을 둔 신앙이었다. 매우 한정되고 직선적인 것이 신앙의 대상이 되어 있었던 것이다.

하지만 자신의 잘못을 고백한다는 것이 전제가 되는 이상 종래의 혈연, 지연이라는 테두리 안에서는 해결할 수가 없다. 자기 자신의 살아가는 방식이 문제가 되는 경우가 강한 것이다. 그리고 그 죄 많은 영혼을 태평도가 구제해 준다고 하는 만큼 많은 사람이 거기서 단지 새로움뿐만이 아닌 '무엇'인가를 느꼈다고 해도 무리가 아니다.

장각이 최고지도자인 이 태평도가 단기간에 광대한 지역으로 침투할 수 있었던 것은 사회생활에 있어서의 불만이나 불안, 그리고 대중보다도 '개인'의 윤리의식을 전제로 했기 때문일 것이다.

한편 장각의 지난 경력은 자세히 알 수 없으나 원래는 '청류'파의 지식인이 아니었던가 하고 유추되고 있다. 장각이 '청류'파의 지식인이었다고 한다면, 악덕이 만연하는 사회의 세태에 철퇴를 내릴 생각으로 태평도를 널리 퍼뜨릴 것을 목표로 했다고 할 수 있다. 더구나 현실적인 움직임으로 이 신자집단은 체제(한나라 왕조)에 대한 반역이라는 형태로 바람 부는 들판의 불길처럼 전국 각지로 퍼져나갔다. 서기 184년 봄부터 시작된 '황건의 난'이 바로 그것이다. 그리고 이 황건의 난이 한나라 왕조를 붕괴시키는 방아쇠가 되어 다음의 삼국시대의 막을 여는 실마리가 되었던 것이다.

소인小人에게 나라를 다스리게 하면

주술사인 장각을 지도자(수령)로 하는 황건군이 군사를 일으켰을 당시에는 그야말로 무인지경을 가듯 진격을 계속하여, 동쪽과 남쪽에서 수도인 낙양洛陽을 넘보는 태세를 취하게 되었다.

황건의 난이 일어나기 이전, 태평도가 급속히 전국 각지로 침투하고 있을 무렵, 영제에게 그 위험한 동태에 제동을 걸도록 진언한 신하가 없었던 것은 아니었다. 그러나 영제는 일의 방책에 관하여 전혀 관심을 보이지 않았다. 영제는 내시들이 마음대로 주무르는 꼭두각시에 지나지 않았던 것이다.

황건군을 맞은 관군은 잇달아 격파되었다. 그러다 황건군이 봉기한 지 2개월가량 지나면서부터 관군도 반격으로 나서기 시작했다. 관군의 반격에도 황건군이 끈질긴 싸움을 계속해, 난이 평정되기까지는 6개월의 시일을 필요로 했을 정도였다. 이 전란 속에서 조조, 유비, 손권이라고 하는 삼국지의 주역들이 등장하게 된다. 그야말로 난이 영웅을 부른 것이었다.

그런데 이 황건의 난은 한나라 왕조에 대한 반역인 동시에 일반대중에게 있어서는 귀찮기 짝이 없는 싸움이기도 했다. 황건군은 약탈과 포학暴虐을 제멋대로 했을 뿐만 아니라, 도둑의 무리들과 다를 바가 없는 면도 있었기 때문이다. 백성들은 부패할 대로 부패한 관료집단에게 세금이라는 이름의 수탈을 당하고, 한편으로는 황건군의 행패도 참고 견디지 않을 수 없었던 그들에게는 이중의 고통이었던 것이다.

이렇듯 백성에게 커다란 고통을 안겨준 원인은 오로지 한나라 왕조 황제들의 무능무책 때문이었다. 물론 황제들이 모두 어린 나이에 황제의 자리에 올랐으므로 그 실권은 내시나 외척들이 손에 쥐고 있었다 치더라도, 한나라 왕조가 붕괴하지 않을 수 없었던 것은 말하자면 '스스로 무덤을 판' 결과임에 틀림없다.

『대학大學』에 이런 구절이 있다.

"소인에게 나라를 다스리게 하면 재해가 함께 이른다."

이것은 단순히 국가경영에 대해서만 할 수 있는 말이 아니다. 현대의 기업경영에도 꼭 들어맞는 말이다. 특히 조직으로서의 기능을 충분히 발휘하지 못하면, 냉엄한 기업 경쟁에서 낙오할는지도 모르는 현대사회에 있어서는 항상 깊이 명심해 두어야 할 금언 중의 하나이다.

거짓이나 뇌물 같은 공정치 못한 짓이 버젓이 통한다면 조직은 무너지고 만다. 한나라 왕조 말기의 상태가 바로 그것을 가르쳐주고 있다. 그 모습은 형태를 바꾸어서 현대의 기업조직에서도 나타나며, 또 현실적으로 그런 사례의 일이 원인이 되어서 기업이 쇠잔하고 미약해져서 마침내는 도산의 쓰라림을 겪기도 한다.

한나라 왕조와 황건군과의 싸움이 지니고 있는 의미를 생각해 봐도 알 수 있다. 처음에는 병을 치료하는 하나의 교단에 지나지 않았던 것이, 국가와 서로 대립할 만큼 큰 세력으로 신장된 것은 한나라 왕조의 치국

정책이 얼마나 저열하고 어리석음에 가득 찬 것이었는가 하는 증거이기도 하다.

그런 의미에서 보면 황건군의 존재는 거울에 비쳐진 한나라 왕조가 내포하고 있는 보기 흉한 그늘의 모습이기도 하다. 다시 말해서 황건의 난은 당연히 일어날 것이 일어난 것이며, 단순히 그것을 도적군단이 일으킨 무용지난無用之亂이라고 단정해 버릴 수는 없는 것이다.

난세의 모습을 생생하게 그려내는 삼국지는 1800년이 지난 오늘날까지도, 그 교훈을 우리에게 전해 주고 있다.

02

'삼국난세'를
초래한 동탁

창업은 쉽고 수성守成은 어렵다

중국 전국시대의 병법가 중에 오기라는 인물이 있다. 노나라·위나라·초나라를 섬기고 기원전 381년경에 죽었다고 하며, 그의 저서로는 『오자吳子』가 전해져 오고 있다.

『오자』에 이런 구절이 있다.

"무릇 나라를 제하고 다스리는 데는, 반드시 예로써 이것을 가르치고 의로써 이것을 격려하며, 염치가 있게 한다. 대저 사람이 염치가 있을 때는, 대大에 있어서는 그것으로서 싸움에 족하고, 소小에 있어서는 그것으로서 지킴에 족하다. 그렇지만 싸워서 이기기는 쉽지만, 승리를 지키기는 어렵다.”

싸움에 이기기는 쉽지만, 그 승리를 지속해 지켜 나가기는 매우 어렵다. 나라를 다스리든 전쟁을 하든 간에 성공을 지속시키기란 이만저만 어려운 일이 아니다. ‘성자필쇠盛者必衰(융성하는 것은 결국 쇠퇴해짐)’란 말이 있듯이 극히 사소한 방심이나 실수로도 큰 손실을 가져오는 원인이 되기도 한다.

그로부터 약 천년이 지난 뒤에, 당唐 제국이 성립된 다음 태종이 신하에게 물었다.

“제왕의 일 가운데서 창업과 수성 중 어느 쪽이 어려운가?”

그때 방현령房玄齡은 ‘창업’이라고 말하고 위징魏徵은 ‘수성’이라고 말했다.

방현령과 위징의 대답에 대해서 태종은 다음과 같이 말했다.

“방현령은 나를 따라서 천하를 평정하고 구사일생으로 창업의 어려움을 보아왔다. 위징은 나와 천하를 편안하고 태평하게 하여, 부귀하면 방자해지고, 방자해지면 게으름 피우고, 게으름 피우면 멸망할 것을 무서워하여, 수성이 어렵다는 것을 보았다. 그렇지만 창업이 어렵다는 것은 과거의 일이다. 수성의 어려움을 이제는 그대들과 함께 신중히 생각하려 한다.”

창업은 쉽고 수성이 어렵다고 말한다. 일단 성취한 사업을 쇠잔시키지 않고 가능한 오래 지키고 유지해 나가는 일이 어렵다는 것을 단적으로 표현하고 있다.

이기는 것, 즉 사업을 일으켜서 궤도에 올려놓을 때까지의 어려움을 경우에 따라 필설로 다하기 어려운 면도 있겠지만, 그러나 그 괴로움은 목적을 향한 괴로움이며 어떤 쾌감마저 품고 있다고 해도 좋을 것이다. 성공하면, 궤도에 오르면…… 내 인생의 봄을 구가할 수 있다는 즐거움이 괴로움의 밑바닥에 흐르고 있는 것이다. 그 즐거움이 있기 때문에 어떤 고난도 견디고 분발하여 일어날 수 있는 것이다.

그러나 일단 일이 성취되면 다음에 기다리고 있는 것은 '그것을 어떻게 유지시켜 나가느냐, 어떻게 존속시켜 갈 것인가' 하는, 어떤 의미에서는 막연한 목적을 향한 전진밖에 없다. 간신히 터널을 빠져 나와 태양이 빛나는 쾌적한 곳에 도달했다. 한숨 돌린 것도 일순간이고 자세히 바라보면 거기에는 가지가 휘어지게 익은 과실도 있지만, 동시에 사람을 해치는 짐승과 함정도 있다. 짐승에는 신경 쓸 것 없이 포식하는 것도 좋고, 멀리 보이는 맛있는 열매를 향해 저돌적으로 맹진하는 것도 자유다.

그 반대로 포식하기 전에 주위의 상태를 잘 살펴서 몸의 안전을 꾀하고 튼튼한 집을 만든다. 그리고 짐승한테도 이겨내고 함정에도 빠지지 않을 준비를 하여, 위기관리를 충분히 한 다음에 행동범위를 넓혀 나가는 방법도 취할 수 있다.

요컨대, '창업'은 극히 한정된 목표로 가는 길인데 비해 '수성'의 목표는 있으나마나 하다고 해도 과언이 아닐 것이다. 다시 말해서 스스로가 목표를 정하지 않는 한, 가야 할 길도 찾아 낼 수 없다는 뜻이다.

2400년 전의 현인이 지적한 '승리를 지키기는 어렵다'는 말은 여전히 오늘날의 과제가 되어 있는 것이다. 또한 그렇지 않아도 어려운 '수성'인데 거기에 교만 따위가 더해지면, 그것이 어떤 결과를 초래할 것인지는 불을 보듯 뻔한 일이다.

위대한 야심가의 협기

난세에는 이따금 뜻밖의 인물들이 역사의 무대에 등장하기도 하는데, 화려하게 활약하다 허무하게 자취를 감춘 인물이 있다. 소위 효웅梟雄(잔인하고 용맹한 인물)으로 불리는 인간도 그러한 범주에 들어간다 할 수 있겠다. 그들은 악운을 타고 난 인물이다. 그러기에 그 말로末路는 어찌되었든 시대의 각광을 받을 수는 있었다.

동탁, 삼국지에 그 이름을 남긴 이 야심가도 역시 효웅이라고 부르기에 어울리는 인물 중의 한 사람이다. 그 당시 후한왕조를 마음대로 주무르고 있던 외척과 내시 같은 인물집단은, 그 방자한 욕망 때문에 한결같이 힘을 잃어 가고 있었으며, 그 대신 동탁 등의 지방호족들이 대두하기 시작했다. 황제의 이름을 빌어 국사를 마음대로 휘둘러 온 외척과 내시는 전쟁의 수라장에서 힘을 길러 온 호족들 앞에서는 무력하다 할 수 있는 존재가 되어 있었다. 그것은 바로 외척이나 내시가 횡포 끝에 초래한 결과였다. 사리사욕을 위해서만 급급한 나머지 왕조의 위기관리를 등한

시한 당연한 응보이며 또 그것은 시대의 요청이기도 했다.

부패가 극심한 후한왕조에 최후의 일격을 가하고, 바야흐로 삼국 난세라는 시대의 문을 연 이가 바로 서쪽의 야심가 동탁이었다. 동탁은 선천적으로 거칠고 난폭하며 책략에 뛰어났다. 젊었을 때 동탁은 강족羌族 속에 들어가 각 종족의 추장들에게 자신의 존재를 적극 알렸다.

이후 고향으로 돌아가서 농경생활을 하고 있을 때, 강족의 추장들이 그를 찾아온 일이 있었다. 그때 동탁은 농사짓는 소중한 소까지 잡아서 그들을 성대하게 대접했다. 이에 크게 감격한 추장들은 자기네 성으로 돌아간 다음 가축 천여 마리를 모아서 동탁에게 보냈다. 이 일로 동탁은 그 이름이 널리 알려지게 되었다.

야심가이며 역사상 드물게 보는 파괴와 살육을 일삼은 동탁이었지만, 호방하고 의협심이 강한 일면도 있었다. 이민족의 반란을 토벌하는 데 중용된 동탁이, 한양군漢陽君에서 반란을 일으킨 강족을 평정한 공로가 있었다고 해서 시종으로 발탁되고, 그 포상으로 비단 구천 필을 하사받은 일이 있었다. 그때 동탁은 그것을 모두 부하들에게 나누어 주었다.

"이 포상은 나에게 주신 것이지만 본래는 너희들이 받아야 하는 것이다."

추장들에 대한 큰 환대나 이 일에서도 알 수 있듯이 동탁이라는 인물은 호방하고 마음이 넓고 비범한 일면을 지니고 있었다고 할 수 있겠다.

"동탁은 뛰어난 완력을 가지고 있었다. 활이 든 자루를 말 양쪽에 달고 말을 달리면서 좌우 어느 쪽 팔로든지 활을 쏠 수 있는 멋진 재주를 보여

줘 강족과 호족을 놀라게 했다."

『후한서』「동탁전」에는 이런 식으로 그려져 있지만, 강한 것이 가장 요구되는 난세이기는 해도 단순히 거칠기만 했다면 사람들이 많이 따르지는 않았을 것이다.

동탁이 지방의 도적을 단속하는 관리로 발탁된 이후, 서서히 권력의 계단을 올라가면서 주위 사람들의 마음을 끌어들여 자기 사람으로 만들어감에 있어 나름대로의 배려를 한 것은 틀림없다.

내시를 권력의 자리에서 몰아내다

동탁이 권력을 탈취한 것은 여러 가지 생각과 임기응변의 술책을 써서 성사시킨 결과이기는 했으나, 어떤 의미에서 그것은 필연이었다. 권력 중추의 주변에 있는 사람들이 동탁으로 하여금 실권을 잡게끔 사전 준비를 했다고 해도 좋을 정도다.

조직은 외부로부터의 압력보다도 내부의 혼란에 약하다. 한 시대를 쌓아올린 후한왕조가 무너져 버린 것도 이민족의 공격으로 인해서가 아니라, 어리석은 황제와 이권다툼에 혈안이 되어 있던 측근들이 바로 그 원인이었다.

동탁은 때마침, 그런 한왕조의 '임종'에 입회할 기회를 만났을 뿐이라고 해도 좋다.

서기 184년 황건적의 난은 부패한 권력자들에 대한 경종이었는데도 그들은 그것을 경종으로 받아들이지 않았다. 난이 진정되자 다시 이권다툼에 광분하였으며 내부항쟁에 몰두하였다.

이런 현상에서 표출되는 인간행동의 모습은 오늘날의 사회에 있어서도 큰 교훈이 되고 있다. 사태를 표면으로만 보느냐, 아니면 상황의 본질을 정확하게 파악하느냐에 따라, 가령 조직 또는 인간집단이 활성화되느냐, 안 되느냐 하는 갈림길이 되기도 한다. 또 그것은 조직 자체의 존립과 관련되는 경우도 많다.

황건적의 난이나 이민족과의 싸움에서 큰 공적을 세운 무장들, 동탁·조조·원소·원술·황보숭 등은 각기 확고한 지반을 쌓고 있었기 때문에 한왕조로서도 마음대로 좌우할 수 있는 존재가 아니었다. 그들은 사리사욕을 위한 권력 싸움에 눈이 먼 내시와 외척정치를 일소할 기회를 노리는 큰 세력으로 성장하고 있었던 것이다.

이들 새 세력이 업고 나온 것은 12대 영제靈帝의 황후 하何씨의 오빠인 대장군 하진이었다. 항상 천하의 증오심이 내시에게 집중되고 있다는 것을 잘 알고 있었던 하진은, 영제가 죽은 다음 정치의 실권을 잡는 동시에 비밀리에 내시들을 주멸할 계획을 추진했다. 그런데 새 황제의 후견인으로서 정사를 관할하고 있던 하태후가 이를 승낙하지 않았다.

이에 하진과 밀접하게 연락을 취하면서 계획을 추진하고 있던 원소 등은, 전국 각지의 무장들에게 군사를 이끌고 일제히 상경하도록 호소해 그것으로 하태후에게 압력을 가하자는 안을 냈다. 그러자 주부(사무차관) 인 진림이 간언했다.

"우리가 직접 칼을 빼지 않고 외부에서 원군을 부르면 무력에 뛰어난 자가 나타나서 패권을 쟁탈하지도 모릅니다."

그러나 하진은 이 말을 듣지 않고 동탁 등에게 수도 낙양으로 진군하 라는 명령을 내렸다. 그렇지 않아도 낙양으로 올라올 기회만 노리고 있 었던 동탁은 하진의 소집명령에 용기백배하여 격문을 돌리고 즉시 낙양 으로 향했다.

"군사를 낙양으로 진격시켜 간사한 무리들을 싹 쓸고자 한다!"

조정 안에서는 '중상시中常侍 십인조(내시)'의 우두머리로 권력을 떨쳤던 장양 등이 반격을 꾀하여, 마침내 하진을 살해하기에 이르렀다. 이에 강 경파인 원소 등은 북쪽 궁궐의 문을 안에서 굳게 걸어 잠그고 도망갈 길 을 차단한 후 내시들을 만나는 족족 잡아 죽였다. 그리고 원소 등은 더욱 진군하여 궁궐 안으로 쳐들어갔다.

이리하여 한왕조를 지배하고 있던 두 개의 권력인 내시와 외척은 함께 멸망하고 말았다. 커다란 야망에 불타고 있던 동탁이 낙양에 도착한 것 은, 바로 낙양의 혼란이 극에 이르렀을 때였다.

천하는 한 사람의 천하가 아니다

낙양에 입성한 동탁은 혼란을 이용해서 단숨에 수도 낙양의 군사권을 장악했다.

"동탁은 모반을 계획하고 있습니다. 즉각 손을 쓰지 않으면 이쪽이 당하고 맙니다. 강행군으로 지쳐있는 지금이 습격할 기회입니다."

하지만 내시들을 죽여 없앤 중심인물인 원소는 부하 포신의 진언을 무시했다. 무시했다기보다 동탁의 기세에 겁을 먹었다는 것이 옳을 것이다. 도시에서 자란 원소와 백전연마百戰鍊磨(수많은 싸움을 통해 단련된 사람)의 무지막지한 무사 동탁과는 처음부터 맞수가 되지 않았다.

동탁은 차례차례로 자기의 야망을 실천에 옮겨 나갔다. 그 발걸음은 후한왕조를 서서히 낭떠러지 끝으로 몰아넣었다. 그런데 그것이 한편으로 스스로의 운명마저 멸망케 하는 발걸음이라는 것을 득의의 절정에 있었던 동탁은 깨달을 턱이 없었다.

천자 폐립의 계획을 동탁은 실천에 옮겼다. 십칠 세의 청년 황제를 폐하고 새로 진류왕陳留王을 즉위시켰다. 이가 곧 14대의 헌제獻帝이다. 물론 우격다짐으로 반대론을 봉쇄하고 강행한 폭거였다. 조정은 동탁의 힘 앞에 어찌할 도리가 없는 상태가 되었고, 원소·원술·조조 등의 유력자들은 후환을 두려워하여 지방으로 도망쳐 버리고 말았다.

도리에 어긋나는 행동을 계속하는 동탁이었지만 그도 인재를 등용함에 있어서는 신경을 썼다. 내시들이 백성의 원망의 대상이 되고 있었다는 것을 잘 알았기에, 그는 자신의 속마음을 감추고 명사나 청류파의 인물들을 크게 중용했다. 또 민간에 파묻혀 있는 인재를 발탁하기도 했다. 그런 한편 자신이 어릴 때부터 길러온 부하는 한 사람도 현직에 앉히지 않고 장교로서만 머물러 있게 했다.

그러나 동탁의 이런 노력도 결국은 멸망하기 전의 잔치에 불과했다. 400년에 걸쳐서 권력을 독점했던 후한왕조의 붕괴는, 동탁이 수도를 낙양에서 장안長安으로 옮긴 것이 결정적이었다.

도읍을 옮기는 것과 제도의 개정은 백성들의 의향을 확인하고 시의에 적합한 형태로 이루어지지 않으면 안 된다. 그것을 무시하고 장안 천도를 강행한 것은 동탁 자신이 황제의 자리를 뺏으려는 야망이 있었기 때문이었다.

동탁의 독재가 강해지면 강해질수록 동탁을 주살하려는 움직임이 깊고 조용하게 진행되는 것은 자연적인 추세였다. 주모자는 명문 출신의 왕윤이었다. 왕윤은 동탁과 부자의 인연을 맺은 사이인 여포를 설득하여, 내응(내부에서 몰래 적과 통함)하겠다는 약속을 얻어냈다. 여포는 궁술과 마술에 뛰어나며 완력도 상당히 있었다. 동탁은 여포에게 신변 호위를 맡기고 있었다. 다른 사람들로부터 원한을 사는 일이 많았던 동탁이었으므로 그들로부터의 복수가 무서워서 경계를 게을리할 수 없었던 것이다. 그러나 결국 동탁은 그 여포의 창에 찔려 죽임을 당하고 말았다.

'동탁이 죽었다'는 소식에 사람들은 미친 듯이 기뻐했으며, 장안 성내는 흥분의 도가니로 변했다. 쌓이고 쌓였던 원한이 얼마나 심했는가를 말해 주고 있는 광경이었다.

동탁은 후한왕조를 붕괴시키고 다음에 올 삼국 난세의 문을 연 인물이다. 그런 의미에서는 '접점接點의 사나이'라고 부르기에 어울린다. 새로운 시대를 연 사나이였던 것이다.

태공망太公望 여상은 이렇게 말했다.

"천하는 한 사람의 천하가 아니다. 바꿔 말하면 천하의 천하다. 천하의 이利를 함께 하는 사람은 곧 천하를 얻고, 천하의 이를 제멋대로 남용하는 사람은 곧 천하를 잃는다."

03
난세에 춤추는 간웅奸雄, 조조

각주구검刻舟求劍의 어리석음

각 기업마다 경영 다각화와 새 분야로의 진출을 꾀한 결과, 지금까지 주력업종으로 삼아 온 본업의 모습이 흐려지고, 기업명만으로는 그 회사의 사업 내용을 추측할 수 없는 경우도 생겨나고 있다. 또 종래와는 전혀 다른 이미지의 회사로 전환해 버린 곳도 적지 않으며, 기업 이미지는 커녕 사업 내용을 일신해 버린 기업도 꽤 많다. 이렇게 되면 외부에서 볼 때 본래의 기업 이미지만으로는 판단을 하기가 어려우며, 또 그 기업의 입장에서도 종래의 개념으로 이러쿵저러쿵 말을 듣는 것도 좋을 리가 없을 것이다.

"우리 회사는 업무내용이 지금까지와는 완전히 바뀌어, 말하자면 '새로운 회사'입니다."

이렇게 공언하고 싶은 회사도 있을지 모른다. 분명 섬유회사가 화장품 메이커로서 이미지를 일변시켰다든가, 가전회사가 채소를 키우는 등의 종래와는 전혀 다른 경영으로 전개해서 회사이름이 매우 낡아버린 곳도 있다. 그래서 일부러 사명을 변경하는 곳도 있을 정도이다.

그런 변화를 다시 생각해 보면, 세상의 움직임이라는 것은 일반 사람들의 상상 이상으로 크게 바뀌고 있다는 것을 깨달을 수 있을 것이다.

요즈음 많은 기업이 잇달아 새 분야로 나서는 것은 두말할 것도 없이 현대의 시대조류나 경영환경이 급속히 변화하고 있다는 것과 매우 깊은 관계가 있다.

도대체 앞으로 어떻게 되는 것일까, 그런 불안은 누구든지 안고 있으며, 특히 기업의 모든 책임을 지는 경영자로서는 무슨 일이 있든 미래를 주시하며 앞으로의 전망을 세우고 싶을 것이다.

그렇지만 현실적인 문제로서는 그 해답을 알고 있는 사람은 아무도 없다. 솔직히 말하자면 자기 회사의 종업원들을 불안하게 할 것 같아 말하지 않을 뿐이지, 장래에 대해 확고한 자신감을 가지고 대답할 수 있는 경영자는 극히 드물 것이다. 새 분야로의 진출, 혹은 경영의 다각화라는 것은 그런 여러 가지 요인과 원인이 서로 겹쳐져서 시대의 요청으로 생겨난 것이다.

그런 요인 속에는 종래의 사업만으로는 설사 현재의 업적이 좋은 경우라 하더라도, 어쩌면 앞으로의 시대에는 살아남지 못할지도 모른다는 불안이 있는 것이다. 또 본업이 이대로 나가면 분명히 쇠퇴의 길로 기울어지고 있다는 것을 깨닫고, 일찌감치 경영의 다각화나 사업전환을 꾀하기 위해, 종래의 일과는 거리가 먼 신규 분야로 진출하려고 생각하는 곳이 적지 않을 수도 있다. 그렇지만 어쨌든, 시대가 전혀 다른 변수로 다가오고 있는 오늘날은 기업이 낡은 껍질을 탈피하지 않으면 안 되는 것은 피할 수 없는 일이라고 해도 과언이 아니다.

중국 진나라의 재상 여불위가 중심이 되어 만든 학술개론서인 『여씨춘추呂氏春秋』에는 이런 말이 있다.

"배에 새겨놓고 칼을 찾는다〔刻舟求劍〕"

중국 초楚나라 사람이 배를 타고 강을 건너다가 들고 있던 칼을 물속에 빠뜨렸다. 그러자 그는 곧 칼을 빠뜨린 뱃전에 칼자국을 내어 표시를 해두었다. 다음에 다시 찾아와 칼을 찾으려고 빠진 곳을 표시해 둔 것이었다.

그러고는 배가 언덕에 와 닿자 칼자국이 있는 뱃전 밑 물속으로 뛰어들었다. 그러나 그곳에는 칼이 있을 리 없었다. 배가 움직였다는 것을 모르고 배에 표시한 것만 생각한 것이다. 이는 옛것을 지키다 시세의 추이도 모르고 눈앞에 보이는 현상만을 고집하는 처사를 비유해서 한 말이다.

어떤 의미에서는 현재 및 가까운 미래는 '미증유未曾有(지금까지 한 번도 있어 본 적이 없음)의 전환기'라고 해도 좋은 시대이다. 그런 만큼 『여씨춘추』에서 지적한 '배에 새겨놓고 칼을 찾는 것' 같은 행동은 하지 말아야 할 것이다.

어릴 때부터 권모술수에 능해

어느 시대를 막론하고 세상이 돌아가는 상황을 재빨리 헤아려 잘 알 수 있는 사람과 그렇지 못한 사람이 있다. 물론 누구나 시류를 앞서서 살고 싶어 한다. 그러나 그것이 모든 사람에게 가능케 하기란 현실적으로 불가능하다. 특히 시대 상황이 실타래처럼 얽혀있는 오늘날 같은 난세에서는 앞날이 어떻게 될지를 내다본다는 것은 매우 어렵다. 대개의 경우 개인의 의지력이라 할 수 있는 신념이나 뜻에 의해 그 나아갈 길이 자연히 정해지게 된다.

조조, 촉나라의 유비, 오나라의 손권과 함께 대활약을 한, 위나라의 조조 역시 유례가 드문 신념의 소유자였다. 특히 위나라를 정통으로 하는 정사의 관점에서 본다면, 조조는 누구보다도 주역의 자리에 앉지 않으면 안 될 인물이라고 할 수 있겠다.

조조가 태어난 것은 2세기의 중엽(서기 155년)이다. 당시는 외척인 양기가 조정에서 권력을 남용하고 있을 때였다. 그의 소년시절은 소위 청류파의 지식인이 대 탄압을 받던 시기였다.

조조는 한나라의 재상이었던 조참의 자손이다. 즉 한왕조의 창업에 지대한 공이 있었던 인물의 자손이 되는 것이다. 또 조조의 할아버지인 조등은 중상시, 다시 말해서 내시였다. 그렇기 때문에 조등에게는 당연히 자식이 없었다. 조조의 아버지인 조숭은 양자였다.

내시의 손자, 나중에 조조는 이런 욕을 듣게 된다. 그렇지만 그것은 그의 책임이 아니다.

"태조太祖(조조를 말함)는 어릴 때부터 기지와 권모술수가 있었으며, 임협방탕任俠放蕩(사내다움을 뽐내며 멋대로 논다), 행업行業을 닦지 않았다."

『위서魏書』「무제기武帝紀」에는 이렇게 씌어 있다.

"조조는 소년시절부터 대단히 기지가 있었으며 권모술수에도 뛰어난 데다가 또 불량기가 있어 제멋대로 살았으며 건실한 생활은 거들떠보지도 않았다."

한마디로 조조는 '어떻게 할 수도 없는 방탕한 아들'이었던 것이다. 또 이런 일화도 있다. 조조에게는 숙부가 한 사람 있었는데, 이 숙부가 자기에 대한 일을 아버지에게 늘 일러바쳤기 때문에 조조는 귀찮아서 참을 수가 없었다.

어느 날 길에서 숙부와 딱 마주친 순간 갑자기 조조는 얼굴에 경련을 일으켰다.

"왜 그러느냐?"

"갑자기 악풍惡風(풍기를 받아서 일어나는 병)에 걸렸어요!"

놀란 숙부는 황급히 그의 아버지에게 알렸다. 하지만 아버지가 조조를 만났을 때는 그 얼굴에 아무런 이상도 없었다.

"네가 악풍에 걸렸다고 네 숙부가 알려왔는데, 벌써 나았느냐?"

"처음부터 악풍 따위에는 걸리지 않았습니다. 숙부님이 저를 싫어하기 때문에 아마 그런 말을 하신 것 같습니다."

아버지는 영문을 몰라서 어안이 벙벙했다. 그런데 그 다음부터 아버지는 숙부가 무슨 말을 해도 받아들이지 않게 되었다고 한다.

치세의 능신能臣, 난세의 간웅奸雄

조조는 말할 수 없이 교활한 일면을 가지고 있었는데 위의 이런 이야기가 후년의 '악역 조조'라는 이미지를 형성하는 요인이 되었다. 그러나 이러한 '거짓말쟁이'는 또한 '전략가 조조'라는 이미지도 강하게 하는 것이었다.

예를 들면, 행군하던 병사들이 목이 말라 쩔쩔매는 것을 본 조조가 그들을 보고 "조금만 더 가면 살구나무 열매가 잔뜩 열려 있어!"라고 하면서 목이 말라 지쳐버린 병사들을 독려했다고 한다.

'거짓말쟁이 방탕아'인 조조가 후에 위나라의 태조 무제武帝가 되리라고 예상한 사람은 아무도 없었다. 그야말로 난세이기 때문에 실현할 수 있었던 쾌거라고 할 수 있다. 사실, 난세가 재미있는 점은 바로 이런 데에 있다. 지혜가 있는 자가 남보다 한 걸음 앞서고, 선견지명이 있는 자가 남보다 앞질러 생존을 보장받는다. 물론 조조가 단순히 교활하기만 한 인간이었다면 한 나라를 통솔, 지배하지는 못했을 것이다.

그는 다른 사람보다 뛰어난 자질을 가지고 있었으며 또 남보다 갑절의 노력을 기울였다. 조조는 무예가 뛰어났다고 한다. 이것은 조조가 지니고 있는 강한 면이다. 한편 부드러운 면에서 볼 때 그는 대단한 독서가였으며 특히 병법을 대단히 좋아했다고 한다. 여러 나라의 병법을 손수 뽑아서 베끼고, 그것을 정리하여 그 모든 것을 『접요接要』라고 명명했을 정도이다. 또 손자의 병법으로 알려져 있는 『손자』13편의 주注도 만들었다.

'로마는 하루아침에 이루어지는 것이 아니다'라는 말을 흔히 하는데, 큰일을 이루기 위해서는 그 나름의 노력, 즉 고도의 기술을 확보하거나 가치 있는 정보의 수집 같은 것도 절대 빠뜨릴 수 없다.

젊은 시절의 조조는 세상 사람들로부터 '불량자'라는 딱지가 붙여졌지만, 개중에는 다른 평가를 하는 사람도 있었다. 인물평의 명인이라는 말을 들었던 교현도 그중의 한 사람이었다.

그를 찾아온 조조의 얼굴을 보고 그는 이렇게 말했다.

"앞으로 난세가 닥칠 것이며, 백성들을 편안하게 할 사람은 그대를 빼놓고는 없다."

그리고 이렇게 덧붙였다.

"그대는 참으로 난세의 영웅이요, 치세의 간적奸賊이로다. 원망스러운 것은 내가 이미 늙어 그대의 부귀를 보지 못함이다."

또 조조는 인물 비평의 대가로 알려져 있던 허자장도 만났다. 허자장은 그의 종형인 허정과 월초에 인물 비평회를 열곤 했는데, 이 모임에서 하는 명사들의 순위 결정은 상당한 영향력을 가지고 있었다. 허자장은 처음에는 조조의 물음에 대해서 대답하지 않았으나, 꼭 대답을 듣겠다는 조조의 강요에 못 이겨 무거운 입을 열었다.

"그대는 치세의 능신이요, 난세의 간웅이다."

능력 제일주의의 인재 등용

"난세의 영웅, 치세의 간적!"

"치세의 능신, 난세의 간웅!"

어구에는 약간 차이가 있으나 '삼국 난세'의 한 모퉁이를 차지한 조조를 평한 말로서는 흥미가 있다. '영웅'과 '간웅', 이것은 난세에 있어서는 거의 같은 뜻이라 해도 좋을 것이다. 요컨대 조조는 혼미의 시대 속에서 다른 사람보다 뛰어난 자질이나 의욕이 있었다.

후일 조조 나이 오십육 세 때, 그는 장문의 포고문을 발표하였다. 그 첫머리 부분이다.

"내가 효렴으로 천거되었을 때는 아직 나이가 젊었다. 그때 생각한 것은 (중략) 나는 야野에 있어서 청명을 떨칠 인물이 아니며, 세상 사람들로부터는 속되고 어리석은 사람으로 보일 것이다. 그렇다면 한 고을의 태수라도 되어 훌륭한 정치를 하여 명성과 명예를 얻어 보란 듯이 자랑해 주자."

그런 마음가짐이었기 때문에 제남濟南의 집정관이 되자 대단한 의욕이 넘쳐흘렀던 것이다. 우선 관계 숙정肅正(부정을 엄격히 다스려 바로잡음)에 나섰으며 한편으로는 공정한 인사를 추진했다. 그러나 조조의 이런 방법을 좋게 생각하지 않는 사람도 있었다. 중앙의 내시나 권세 있는 신하들의 반감을 사고 말았던 것이다. 그 때문에 화가 가족에까지 미칠 것을 두려워한 조조는 병을 핑계로 사직하고 고향 땅으로 돌아가 버리고 만다.

정말 칠칠치 못한 사람이구나 하고 느끼는 사람이 있을지도 모른다. 그러나 당시로서는 내시들에게 반항하면 자신뿐만 아니라 가족, 심지어 일족에 이르기까지 큰 화를 입게 되는 일이 적지 않았다. 그런 의미에서는 조조가 관직에서 일시적으로 은퇴한 것은 화를 미연에 방지한 현명한 판단일 수 있다. 난세, 혹은 혼미한 시대에 있어서는 어떤 함정이 깔려 있을지 모르는 일이다. 단순한 적극적 행동은 자칫하면 무모함으로 이어질지도 모르기 때문이다. 이런 점은 경영의 다각화나 새로운 분야로의 진출을 생각할 때 명심하지 않으면 안 되는 핵심적 사항이다.

조조는 적극적으로 인재를 모았다. 그것은 큰 뜻, 즉 패권으로 내딛기 위해 인재는 빠뜨릴 수 없는 요인이었기 때문이다. 그는 각지에 파묻혀 있던 유능한 인재, 지모가 있는 사람을 초빙하여 참모 집단을 구성했다. 인재를 등용함에 있어서 조조는 지략이 뛰어난 인물을 초빙했을 뿐만 아니라, 무엇보다도 먼저 '능력제일주의'를 채택했다. 그 철저함에는 정말 놀라지 않을 수 없었다. 형수와 간통하고 뇌물을 받는 인간이라도 능력만 뛰어나다면 상관없다고 할 정도였다. 물론 그렇다고 해서 모은 인재들을 제멋대로 하게 내버려 둔 것은 아니었다. 신상필벌信賞必罰(공이 있는 자에게는 반드시 상을 주고, 죄가 있는 사람에게는 반드시 벌을 준다)은 엄하게 했다. 그것을 바탕으로 그들의 능력을 충분히 끌어내어 천하를 제패하겠다고 하는 야심으로 의지를 집중시켰고, 그에 따라 단순한 참모 집단이 아니라 동지적인 인간집단을 만들어냈던 것이다.

04
삼고초려의
명군, 유비

유능한 인재를 모으는 비결

자본, 물자, 사람은 세상이 다 아는 '경영의 3대 요소'이다. 큰일을 이루고자 할 경우에는 어떤 형태로든지 간에 이 세 가지 요소는 빼놓을 수가 없다. 그 중에서도 사람이 중요하다는 것은 누구나가 한결같이 주장하는 바이다.

'기업은 사람이다'라는 말이 그것을 잘 표현하고 있다. 물론 이 경우의 '사람'은 경영자 자신까지도 포함한 것임은 두말할 나위도 없다. 비록 뛰어난 기술과 제품이 있다 하더라도, 유능한 인재가 없으면 그것을 잘 활용할 수 없으며, 또 자본력이 있다고 하더라도 그것을 효과 있게 사용하는 방법을 모른다면 아무런 의미가 없다. 그리고 그런 것들의 요체가 되는 것이 사람이라고 할 수 있다.

특히 시대상황이 어지러울 때는 가장 크게 요구되는 것이 사람의 능력이다. 기술력이나 기획력, 지도력 등 여러 가지 뛰어난 능력을 갖춘 인재가 있느냐 없느냐에 따라 미치는 영향이 매우 크다.

사업을 유지하는 데도 이 말은 해당이 되고, 오늘날처럼 업종 사이의 경계가 없어지고 다른 업종의 분야로 과감하게 진출하지 않을 수 없는 상황에서는, 유능한 인재는 더욱더 필요하다. 리더가 아무리 뛰어난 사람이라 하더라도 사람을 쓸 줄 모르면 기업의 발전을 크게 기대할 수가 없으며, 또 유능한 인재들이 모여들지도 않는다.

한나라 고조의 손자가 되는 회남왕淮南王 안의 학설이나 평론 등을 기록한 『회남자淮南子』에 다음과 같은 구절이 있다.

"물고기를 부르고자 하는 사람은 우선 물을 통하게 하고, 새를 부르고자 하는 사람은 우선 나무를 심는다. 물이 모여야 물고기가 모이고, 나무가 우거져야 새가 모인다."

물이 모여야 물고기가 모인다, 즉 물이 많이 모여서 그곳이 깊어지면 자연히 물고기가 모여든다는 것이다. 이 말뜻을 바꾸어 '유능한 군자 아래는 사람이 모여든다'는 비유로 볼 수 있다. 입으로는 달콤한 말을 해서 꾈 수가 있다 하더라도 그것이 말에 지나지 않는다는 것을 상대방이 눈치를 채면 진정한 실력 발휘를 기대할 수 없다.

'우선 외隈로부터 시작하라'는 말이 있다. 중국 전국시대 때, 연燕나라 소왕이 자기 나라로 인재를 모아들이려 그 방법을 곽외에게 물었더니 그는 이렇게 말했다.

"우선 이 '곽외'부터 우대해 보십시오. 그렇게 하면 저보다 훨씬 능력 있는 사람들이 줄을 이어 찾아들 것입니다."

유능한 사람을 불러 모으기 위해서는 우선 자기와 같이 남만 못한 사람을 우대하는 것이 좋은 방법이라고 지적해 주었던 것이다. 그래서 소왕은 곽외를 위해 그의 저택을 훌륭하게 개축해 준 다음 그에게 사사했다. 이 소문이 퍼지자 각지의 유능한 인재들이 연나라로 몰려들었다.

이런 일은 인재를 모으는 경우에만 해당되는 것이 아니다. 기업에 있어서는 모든 면에서 적용될 수 있다. 업무지시나 알림을 전달할 경우, 전달하는 쪽이 남을 우대하지 않고 교만하다면, 그것을 받는 쪽의 기분으로서는 결코 고분고분해질 수가 없다. 사소한 것들을 연달아 반복하여 부하에게 지시, 명령하는 경향이 있는 윗사람이라면 특히 명심하지 않으면 안 된다. 사소한 일일수록 부하로서도 판단하기는 쉬운 것이므로, 당연히 자기의 일만 아니라 상사에 대해서도 같은 척도로 바라보기 쉽다. 즉 윗자리에 있는 사람일수록 그 언행을 함부로 해서는 안 되는 것이다.

제갈공명과의 운명적인 만남

삼국지에서 위나라의 조조, 오나라의 손권과 더불어 패권을 겨루었던 촉나라의 유비는 인재를 모으는 데 있어서 '명수'였다. 뛰어난 인재를 거느리고 있었기 때문에 한중漢中을 조조로부터 빼앗은 뒤, 위왕에 대항하여 한중왕까지 될 수 있었던 것이다.

수없이 많은 인재를 모은 유비였으나, 그중에서도 가장 큰 수확은 제갈공명이라 할 수 있다.

'오늘날 삼고의 예를 올려서 우리 회사로 모시게 된……'이라는 말을 할 때 쓰이는 '삼고초려'는 유비와 공명이 만난 데서 그 시초가 된다. 두 사람의 운명적인 만남은 서기 207년 유비의 나이 마흔일곱, 공명은 스물일곱 살 때의 일이다.

유비는 양양군襄陽郡의 신야현新野縣에서 군사를 이끌고 머물러 있을 때, 서서라는 사람의 견식이 탁월한 데 감탄하여 참모로 그를 맞아들였다. 어느 날 서서가 유비에게 진언했다.

"이 지방에 제갈공명이라는 사람이 있습니다. 그는 참으로 '잠자는 용'이라고 부르기에 어울리는 인물입니다. 꼭 한번 만나 보시기 바랍니다."

서서는 전부터 제갈공명과 친하게 지내는 사이로, 남보다 뛰어난 그의 역량을 알고 있었으므로 유비에게 추천했던 것이다.

"그렇다면 가서 데리고 오도록 하라."

그 말을 들은 서서는 고개를 저으면서 이렇게 말했다.

"이 사람은 찾아가서 만나야 합니다. 고개를 숙이고 초청해야 하는 사람이죠. 장군(유비)께서 왕림하셔서 예를 갖추어야 할 것입니다."

뛰어난 인재, 그것도 이만저만한 인물이 아닌 만큼 그 나름의 대응을 해야 할 필요가 있다는 것이다. 그것은 서서가 전부터 공명과 알고 지냈기 때문이라기보다도 그렇게 하는 것이 도리이기도 했기 때문이다.

유능한 인재를 얻기 위해서는 이렇게 대응하는 것이 옳다. 서서의 말을 받아들인 유비는 당장 공명을 만나러 갔다. 그러나 찾아간 것까지는 좋았지만 공명을 만날 수가 없었다. 집에 있으면서 없다고 따돌렸는지도 모른다. 찾아가기를 세 번, 그 세 번째에야 유비는 겨우 공명을 만날 수 있었다.

제갈공명은 나중에 가서 이 당시의 일을 촉나라의 후주인 유선에게 봉정한 '출사표'를 통해 다음과 같이 말하고 있다.

"신(공명)은 본시 평민으로 몸소 남양南陽 땅에서 농사를 짓고 있었으며, 최소한 목숨을 난세에 보전하려고 문달聞達(이름이 세상에 널리 알려짐)을 제후에 구하지 않았습니다. 선제先制(유비)는 신의 낮고 천함을 생각하지 않으시고 공연히 스스로 왕림, 신의 초려에 삼고하셔서, 신에게 세상일을 의논하셨습니다. 이에 감격하여 마침내 선제를 위해 허許하기를 구치驅馳(남의 일을 위하여 힘을 다함)로써 하였습니다."

유비의 '삼고초려'에 감격한 공명이 출려出廬함으로써 보답했던 것이다. 물론 이것은 서서의 진언을 받아들여 자기보다 나이가 스무 살이나 어린 사람을 세 번씩이나 찾아간 유비의 훌륭함을 말해주고 있다. 유비가 임종을 앞두고 뒷일을 맡길 정도의 인물이었다는 점으로 볼 때, 두 사람의 만남은 참으로 운명적인 것이었다고 할 수 있다.

천하삼분지계를 헌책

제갈공명을 만난 유비는 사람을 멀리하고 두 사람이 마주앉았을 때 그에게 스스로의 성심을 진지하게 털어놓았다.

"한나라 왕실의 권위는 땅에 떨어지고 간사한 무리들이 판을 치고 있는 세태를 보고 이를 어떻게든지 구해 보려 노력해 왔지만, 지략이 부족해서 어찌 할 수가 없다. 하지만 나는 결코 단념하지 않는다. 그대가 생각하는 계획은 어떤 것인지 궁금하도다."

공명은 우선 '동탁의 난' 이후 천하의 정세를 분석했다. 백만의 군사를 거느리고 황제를 등에 업은 채 천하를 호령하고 있는 조조와는 정면으로 싸울 수 없다. 또한 손권은 삼대에 걸쳐 오나라를 점유하고 있으며, 유능한 인사도 있고 백성들도 따르고 있다. 그 위에 천연의 요해처(전쟁에서, 자기편에는 꼭 필요하면서도 적에게는 해로운 지점)인 장강長江이 지켜주고 있다. 때문에 손권과는 손을 잡아야지 적으로 삼아서는 안 된다.

한편 조조나 손권의 힘이 미치지 않는 형주荊州, 익주益州 같은 지역은 호걸과 영웅들이 우격다짐으로 뺏으려고 하는 땅으로 백성들이 좋은 지배자를 대망하고 있는 땅이다.

공명은 이와 같이 분석해 보인 다음 유비에게 간했다.

"장군은 황실과 연결되는 가문이며 신의가 있는 사람임이 천하에 알려져 있습니다. 더구나 수많은 용장을 거느리고 있으며 또한 유능한 인재를 진지하게 구하고 계십니다. 그래서 우선 형주와 익주의 땅을 손에 넣어 천연의 요해처로 굳히고, 서쪽과 남쪽의 이민족을 길들인 다음, 밖으로는 손권과 손을 잡고 내정을 확고한 것으로 만들어야 합니다.

그리고 중원中原에 어떤 변고가 일어나면 그때는 신뢰할 수 있는 장수에게 형주의 군대를 주어 단숨에 북진시키는 한편, 장군 스스로 익주의 군사를 이끌고 장안長安의 배후지대를 탈취한다면, 아무리 조조라 할지라도 양면으로부터의 공세에는 견디지 못하고 괴멸할 것입니다. 그때는 만백성이 모두 기뻐하면서 장군을 맞을 것이므로, 천하를 통일하여 한왕조를 재흥시키는 일도 꿈이 아니라고 생각됩니다."

조조를 타도하기만 한다면 오나라의 손권 따위는 문제될 것도 없이 자연히 천하통일이 이루어질 것으로 공명은 내다보고 있었던 것이다. 위와 오와 촉이 천하를 삼분하는 것이 목적이 아니라, 제갈공명의 '천하삼분'의 목표는 유비로 하여금 천하를 통일케 하기 위한 전제였다. 제갈공명으로서는 포부가 커서 그 계획을 실현할 수 있을 만한 인물을 찾고 있던 중 때마침 유비라는 큰 기량을 가진 인물을 만났던 것이다.

유비는 조조로부터 한중漢中을 탈취하고 위왕魏王에 대항하는 형태로 한중왕漢中王이 되었지만, 그 배후에는 제갈공명을 비롯한 유능한 인물들이 존재하고 있었다.

유비와 공명의 운명적인 만남에는 한 가지 중요한 요소가 있다. 군신의 관계를 살펴보면, 오로지 신하가 군주에게 가서 자기를 알리려 노력하거나, 혹은 군주를 찾아오는 사람이라면 어질거나 어리석음을 불문하고 채용하는 면이 있었다.

그러나 유비는 현자로 알려진 공명의 집을, 나이가 훨씬 아래인데도 불구하고 스스로 세 번이나 찾아가서 만나려고 노력했다는 점이다. 이일은 난세에 있어 유능한 인재가 얼마나 중요한가를 그가 올바르게 인식하고 있었다는 것을 의미한다 할 수 있겠다.

영웅의 그릇, 풍부한 인간적 매력

위나라의 조조, 오나라의 손권과 비교했을 때, 유비는 촉나라를 영유할 때까지 기반이 될 만한 것을 갖지 못했었다. 한마디로 말하면 거병 이래 맨주먹으로 출발하여, 약 삼십오 년 만인 221년에 한왕조의 정통을 승계한 것이었다. 그때까지 유비가 거쳐 온 과정을 살펴보면 물론 운도 있었으나, 하나는 유비가 한나라 왕실의 핏줄을 이어 받은 사람이라는 점과, 또 하나는 유비가 보기 드문 인간적 매력을 지니고 있는 인물이었다는 것을 성공을 가져온 커다란 요인으로 생각할 수 있다. 하긴 유비가 한나라 왕실의 핏줄을 이어 받은 사람인지 아닌지는 분명치는 않다. 하지만 그렇게 자칭하는 것은 당시의 시대상황으로서는 매우 선전 효과가 있었다.

일반적으로는 아무리 힘이 있고 뛰어나도, 가령 조조만 하더라도 한의 황제 자리에 앉으려는 행동은 취하지 않았으며, 그것을 인정할 수 없다는 분위기가 강력했다. 유비가 많은 사람의 마음을 끈 것은 이와 같은 '핏줄' 이상으로, 유비가 갖는 인간적인 매력이었을 것이다. 알다시피 유비는 싸움에 질 때마다 다른 영웅에게 몸을 의지했는데, 그들은 예외 없이 유비의 인간적인 매력에 마음이 끌렸다. 조조도 유비를 떠받들듯이 정중하게 대접해 주었다고 한다.

유비의 대표적인 신하인 관우도 조조 밑에서 한때 몸을 의탁했지만, 조조의 후한 대접을 뿌리치고 유비에게로 돌아왔다. 그런 예는 관우뿐만 아니라, 장비·조운·제갈공명도 한결같이 유비를 위해 신명을 걸고 받들었다.

삼국지의 편자인 진수는 다음과 같이 유비를 평하고 있다.

"유비는 넓은 견식과 강한 의지, 게다가 풍부한 포용력을 가지고 있으며, 사람을 알고 선비를 대접하기는 바로 고조高祖의 풍격(풍채와 품격)을 타고났으며 영웅의 그릇이었다. 죽음에 임해서는 나라의 장래와 사자嗣子(대를 잇는 아들)의 전도前途(앞으로 나아갈 길)를 전면적으로 공명에게 맡겼다. 거기에는 전혀 사정이라는 것은 없었으며, 이 군신관계는 고금의 모범이 되기에 충분하다."

유비는 자기가 죽은 다음 공명으로 하여금 황제의 자리에 앉기를 권하기도 했으나, 공명은 그것을 받아들이지 않고 후주 유선을 받드는 데 전력을 다했다. 그는 스스로의 사명을 한왕조의 재흥에 두고 유비의 유지를 달성하기 위해 전심전력을 쏟아 부었다. 유비의 인간적 매력은 그가 죽은 후에도 신하들의 마음을 강력히 사로잡고 놓지 않았던 것이다.

이런 점을 생각해 보면 유능한 인사, 뛰어난 인재를 얻어야 하는 중요성은, 단순히 목전의 문제만이 아니라는 것을 깨닫게 된다. 1800년 전의 일이지만, 사람과 사람의 관계는 오늘에 있어서도 그 기본은 다르지 않다.

자기의 진가를 올바로 인정해 주는 상대에 대해서는 누구든지 전력을 다해 보답하려 하기 마련이다. 우리는 대체로 어떤 상대를 처음에는 인정해 주다가도 서서히 무관심해져 버리고 만다. 그러면 당연히 상대방도 등을 돌리게 된다. 인재를 얻으려면 바로 그런 점에 대해서 단단히 명심해 둘 필요가 있다. 그러기 위해서는 상대방의 재능을 똑바로 확인하고 그에 알맞은 대응을 제대로 고려해 두는 일이 중요하다.

05
소少로써 중衆을
제압한 손권

현대에도 통용되는 인물 판단법

중국사상을 총괄하는 것 중의 하나로써 『여씨춘추呂氏春秋』가 있다. 이 것은 진나라의 재상 여불위가 중심이 되어 만든 학술개론서로 한대의 『회남자淮南子』와 함께 유명한 책이다.

『여씨춘추』에 「육험六驗」이라는 인물 판단법 여섯 가지가 들어 있다.

첫째, 기쁘게 해서 정상적인 상태를 잃고 천박하게 흐르지 않는 지를 살핀다.

둘째, 즐겁게 해서 그의 치우침 즉, 취향이나 나쁜 버릇 따위를 살핀다.

셋째, 노하게 해서 자기 통제 능력이 있는지를 살핀다.

넷째, 두렵게 해서 그것에 굴하지 않는 실력과 독립성을 가지고 있는가를 살핀다.

다섯째, 슬프게 해서 스스로를 지탱할 수 있는지를 살핀다.

여섯째, 힘들게 해서 그의 의지를 시험한다.

이상의 여섯 가지의 항목은 인간으로서의 가장 본질적인 점을 관찰하여 그 인물을 판단한다. 이와 비슷한 것이 제갈공명의 『장원』에도 있다. 사람을 아는 데는 여덟 가지의 방법이 있다고 한다.

첫째, 말로 질문을 던져서 대답이 얼마나 자세한지 살펴본다.

둘째, 집요하게 토론하며 몰아붙여서 몰리는 상황에서 어떻게 임기응변하는지, 그 기지를 살펴본다.

셋째, 아무도 모르게 염탐꾼을 붙여서 혼자 있을 때 얼마나 성실한지를 살펴본다.

넷째, 숨김없이 분명하게 드러내놓고 곧바로 물음을 던져서 덕행을 살펴본다.

다섯째, 재물을 맡겨서 얼마나 청렴한지를 살펴본다.

여섯째, 아름다운 미녀를 안겨주어 얼마나 올곧은지를 살펴본다.

일곱째, 재난이 일어났다고 알려주고 얼마나 용기가 있는지를 살펴본다.

여덟째, 술에 취하게 하여 취중의 태도를 살펴본다.

「육험」이나 『장원』 모두 사람의 본질적인 면을 시험함으로써 인물을 판단한다는 방법이다. 이런 방법은 오늘날에도 이용되고 있으며, 인간행동이라는 것은 영구히 기본적으로는 달라지지 않는다는 데 새삼 놀라지 않을 수 없다. 그와 동시에 첨단기술의 전성시대를 맞아 인간보다 '도구'가 우위에 선 것 같은 느낌이 드는 현재, 그 '도구'를 창조하고 조종하고 있는 인간도 역시 태고 때의 인간들과 똑같은 행동심리를 가지고 있다는 점을 깨닫게 된다.

생활양식이 급속히 변화하고, 우리는 옛날과는 전혀 다른 세계에 살고 있는 듯이 착각에 사로잡히고 있지만, 생활의 주체자인 인간은 기본적으로 조금도 변화하지 않고 있다는 데 대해 안도하는 것은 나 혼자만은 아닌 것이다. 또 그기에 인간사회라는 것은 재미있는 것이라고 느끼는 사람도 적지 않을 것이다.

우주가 창조된 이래 시간의 흐름으로 본다면, 인류 탄생에서부터 현재까지의 시간 경과 따위는 미미한 것에 지나지 않으며, 인간의 행동심리가 크게 변할 리도 없다. 왜냐하면, 삼국지의 세계는 1800년이나 지난 옛날의 일이기는 하지만, 그때 살았던 사람들은 본질적으로 현대인과 조금도 다름이 없는 심리를 가진 인간집단이라 할 수 있기 때문이다.

아버지와 형의 유지遺志를 이어받다

삼국지의 세계에서 조조, 유비와 함께 천하를 삼분한 오나라의 손권,
그는 『손자병법』을 저술한 손무의 혈통이라는 설이 있다.

손권이 독립왕국을 구축한 장강(양자강)의 남쪽 하류 일대는 춘추시대
에 오나라가 영유하고 있었으며, 그 중기 이후 실력을 길러서 강대국이
되고 중원의 여러 나라와 겨루게 되었다. 그러나 후에 월나라와 처절한
싸움을 벌인 끝에 마침내는 멸망하고 말았다.

후한시대에 접어들어 이 강동江東 일대에는 잇달아 유력한 호족이 등장
하게 되고, 그중의 하나가 손권의 일족인 손씨였다. 손씨를 일약 역사의
무대로 떠오르게 한 것은 손권의 아버지인 손견이었다.

『삼국지』에서는 손견의 등장을 해적 토벌로 묘사하고 있는데, 이 무공
이 계기가 되어 손견은 오군의 관리로 등용된다. 십칠 세 때의 일이다.
그 후 손견은 서기 172년에 회계군의 반란군을 진압한 공로로 염독현의
부지사에 임명되며, 다시 다른 현의 부지사를 역임하면서 선정을 베풀어
차차 중앙에도 이름이 알려지게 되었다.

서기 190년에 반동탁 연합군이 결성되었을 때, 손견은 원술의 휘하에
들어가 이듬해에는 동탁이 지배하는 낙양洛陽에 맨 먼저 쳐들어갔다. 그

러다 손견은 서른일곱의 나이에 싸우다가 목숨을 잃고, 그의 유지는 아들 손책(손권의 형)이 계승했다.

이때 손견은 독자적인 세력을 구축한 것은 아니었고 실질적으로는 원술 휘하의 한 부장에 지나지 않았으므로, 열여덟 살인 손책 역시 처음부터 시작할 수밖에 없었다. 손책은 비록 나이는 어렸으나 일찍부터 이름이 널리 알려진 사람들과 교류가 있었으며, 또 주유라는 친구이자 유능한 보좌역을 얻어 그 세력을 차츰차츰 키워 나갈 수 있었다.

서기 197년에 원술이 황제의 칭호를 참칭僭稱(분수에 넘치게 스스로를 임금이라 칭함)하자, 손책은 절연장을 보내고 독립을 꾀했다. 그 무렵 원술과 서로 대립하고 있던 조조는 이 기회를 놓치지 않고 손책과 인척관계를 맺고 그 힘의 증강을 꾀했다.

서기 200년, 손책은 조조가 싸움으로 허도許都를 비우자 그 틈을 타서 한나라 황제를 맞을 계획을 세웠으나 결행 직전에 암살당하고 만다. 스물여섯이라는 젊은 나이였다. 이리하여 손권이 등장하게 된다.

손권은 열 살 때 아버지를 잃고 그 이후 형인 손책을 따라 강동 각지를 전전하고 있었다. 손책이 암살당했을 때 손권은 열여덟이었다. 기이하게도 형 손책이 아버지 손견의 뜻을 이어받을 때의 나이와 같은 나이이며, 손권은 아버지와 형의 유업을 이어받아 그 세력 확대에 매진하게 된다.

손권은 성격이 명랑하고 동정심이 있으며 또 결단력도 있는 청년 무장으로, 일찍부터 아버지나 형에 못지않은 명성을 얻고 있었다.

손권이 태어났을 때 턱이 네모지고 입이 크며, 눈이 빛나고 있는 것을 본 아버지 손견은 "이야말로 고귀한 상이로다!" 하고 놀라며 기뻐했다고 한다. 또 한실에서 손책에게 하사품을 내렸을 때, 그 사자인 유완은 수행한 사람에게 이렇게 말했다고 한다.

"손가의 아들들은 각자 뛰어난 재능은 가지고 있지만 타고난 운이 조금 모자란다. 다만 예외는 차남인 손권이다. 용모나 골격으로 보아 그 아이는 보통 사람이 아니다. 제왕의 자리에 오를 사람이다. 수명도 가장 길 것이다. 저 아이의 이름을 적어 두도록 하라."

부하들은 거의 항복론으로 기울어

손권이 강동 땅을 물려받은 이후 가장 큰 위기는 조조의 침공을 받았을 때였다. 조조의 군사 팔십 만에 비해 손권의 군사는 불과 수만밖에 안 되는 보잘것없는 것이었다. 당시 조조는 형주荊州 북부를 석권하고 장강 유역으로 진출, 그의 패업 달성은 목전에 임박한 것으로 생각하고 있었다. 그도 그럴 것이 조조의 라이벌이었던 유비는 그때 거점을 잃고 방랑하는 신세였으므로, 남은 목표는 다만 오나라의 손권뿐이었다.

조조로부터 손권에게 한 통의 편지가 전달되었다.

"이번에 칙명을 받들어 남정南庭 길에 올랐던 바, 유종은 저항하지 않고 항복했다. 우리 수군은 이제 팔십만, 이제부터 장군과 더불어 오나라

땅에서 사냥을 즐기고자 하거니와 의향이 어떠신지……."

손권은 황급히 부하들을 소집하여 대책을 협의했다. 그런데 편지를 훑어본 부하들은 조조가 칙명이라는 대의명분을 내세워 진군하는 이상, 이를 거역하면 역적의 누명을 쓰게 되며 서로 간의 병력에도 큰 차이가 있으므로 항복하는 길밖에 도리가 없다는 의견이 지배적이었다. 그러나 그 중에서 단 한 사람 노숙만이 입을 다물고 있었다. 이 노숙은 다음과 같은 주유의 설득으로 손권을 찾아온 인물이었다.

"마원이 광무제光武帝에게 대답한 말에, 당분간은 군주가 신하를 선택할 뿐만 아니라 신하 쪽에서도 군주를 선택한다는 말이 있다. 우리 군주인 손권께서는 현인지사賢人志士를 소중히 하고, 특이한 인재를 잘 받아들이는 분이다. 또 선철先哲(옛날의 어질고 사리에 밝은 사람)의 비론秘論에 보면, 한나라 왕실 대신 천운을 받은 사람이 동남쪽에서 일어난다고 한다. 시대의 움직임을 추측컨대 지금이 바로 그때이다. 제왕의 사업 기초를 굳히고 하늘의 뜻을 실현하기 위해, 선비된 사람이 용龍과 봉鳳이 더불어 천지를 치닫는 그런 장소에 우리는 놓여 있다."

단순히 섬긴다는 것이 아니라, 바로 용봉龍鳳(용과 봉황을 아울러 이르는 말)이신 주군이므로 그 용봉이 치달리게 하여 승리를 달성해보지 않겠느냐는 것이다. 한마디로 말하자면 '한번 도박을 해보지 않겠느냐'는 말이다.

손권은 노숙이 마음에 들어 그의 말을 잘 수용했다. 그런 노숙이 중요한 자리에서 입을 다물고 있는 것이었다. 여러 장수가 한결같이 조조에게 항복할 것을 권하는 가운데서 노숙이 입을 다물고 있는 것은 무슨 딴 생각이 있을 것이었다. 손권이 잠시 자리를 뜨자 뒤따라 노숙도 자리를 떴다. 밖에서 손권이 노숙에게 물었다.

"무슨 좋은 생각이라도 있는가?"

"여러 사람의 그러한 의견들은 장군을 그르치게 하는 짓입니다. 그들은 오나라의 큰일을 의논할 상대가 못 됩니다. 저라면 항복해도 괜찮습니다. 하지만 장군께서 항복하신다면 이 강남땅은 빼앗기게 될 것이고 몸을 의지할 곳조차 없어지고 말게 됩니다. 그들의 의견에 현혹되지 마시고 한시라도 빨리 결단을 내리십시오."

"잘 말해 주었네. 사실은 부하들의 의견을 듣고 나로서도 실망하고 있던 참이네. 그대가 한 말은 바로 내 생각과 같네."

손권은 노숙의 권유로 당시 파양鄱陽에 가 있던 또 한 사람의 심복인 주유를 불러들이기로 했다.

위기에 임하는 통치자의 결단

파양에서 돌아온 주유는 회의석상에서 조조는 한나라 승상의 이름을 사칭한 역적으로, 그에게 항복한다는 것은 말이 안 되는 것이라며 손권에게 다음과 같이 진언했다.

"조조가 비록 충분한 준비를 갖추고 공격해 온다 해도 수전에서 우리와 겨루어 이기지 못합니다. 북방 사람들은 배를 다루는 데 서투니 물에 익숙한 남방 사람을 어찌 당할 수 있겠습니까. 마침 계절은 한겨울이며 말에 먹일 풀도 없을 뿐더러 머나먼 강남땅까지 끌려온 중원의 병사들은 아마도 풍토에 익숙하지 못해 환자가 속출하고 있을 것이 훤히 들여다보입니다. 이와 같이 병법의 금기를 저지른 조조 따위는 제가 가서 잡아오겠습니다."

"조조가 쓰러지느냐 내가 쓰러지느냐, 지금이 바로 결전의 때다. 주유여, 내 마음을 참으로 잘 알아주었구나. 그대는 바로 하늘이 내게 주신 보물이로다."

주유의 말이 끝나자 손권은 이렇게 말하고는 칼을 뽑아 눈앞의 책상 모서리를 쳐서 베었다. 그리고 날카로운 어투로 부하들을 향해 외쳤다.

"알았느냐, 앞으로 다시 나를 향해 조조에게 항복하라는 자가 있으면, 이 책상과 같은 운명이 될 것을 각오하라!"

항복론의 중심인물은 손책 시절부터 충신인 장소였다. 장소는 명사이기는 했지만 한나라 왕실의 권위에는 약했으며, 반역이란 말을 들을까 봐 두려워하고 있었다. 또 다른 부장部將들도 그 점에는 의견이 같았으나 노숙과 주유는 상당히 논리적으로 생각하고 있었다. 즉 상대는 조조이지 결코 헌제獻帝가 아니라는 것이다.

서로 간의 병력 차이만 보더라도 깊게 분석하면 처음부터 패배를 단정

할 수 없는 요소도 있었다. 대부분의 부장들은 그 수적 차이에 겁을 먹은 나머지 조조에게 항복할 것을 주장했던 것이다.

이런 상황은 오늘날의 기업사회에 있어서도 볼 수 있는 일이다. 즉, 기업이 어떤 계기로 대자본에 흡수, 합병당할 처지에 놓였을 때, 경영자와 그를 제외한 간부들에게서 나타나는 심리상의 차이다. 한쪽은 배수의 진을 칠 각오로 있는데 다른 쪽은 경영자만큼 심각하게 생각지 않는 것이다. 위기에 처했을 때 '어떻게 대응할 것인가? 진실로 믿을 수 있는 상대인가?'라는 상황판단과 함께 인물판단을 평소에도 잊어서는 안 된다.

이렇듯 손권은 주유와 노숙, 그리고 유비의 막료幕僚(중요한 계획의 입안이나 시행 따위의 일을 보좌하는 사람)인 제갈공명의 의견을 받아들여, 유비와 연합군을 결성하고 적벽대전에서 화공으로 대승을 거둔 다음 삼국정립을 향해 크게 움직이기 시작했다.

그 후 강동 땅에 독립왕국을 형성한 손권은, 서기 229년에 오나라를 건국하고 스스로 그 제왕의 자리에 올랐다. 그 위대한 도정은 전략적으로 뛰어났기에 승리를 거둘 수가 있었던 것이나, 조조의 침공을 맞이한 손권의 '하고자 하는 의지'가 그 후의 길을 결정했다고 할 수 있다. 여러 사람의 의견에 현혹되었더라면 지금의 손권은 없었을 것이고 강동 땅에 일대 독립왕국이 탄생되는 일도 없었을 것이다.

06
비길 데 없는 전략가,
제갈공명

인간관계의 '가로'와 '세로'

인간관계라는 것이 매우 흥미가 있는 것은 그 형태는 궁극적으로 부부의 관계에서 일어나는 일처럼 개인 간의 문제로 집약되는 것이 아닐까 생각된다. 풍파가 일지 않고 부드럽게 진행되는 수가 있는가 하면, 대수롭지 않은 의견의 차이가 깊은 골을 만들어 버리는 경우도 있다. 또 상대에게 정상을 다하는 일에 기쁨을 느끼는 이가 있는가 하면, 반대로 상대가 정성을 다해 주는 것을 좋아하는 이도 있다. 한 쌍의 남녀관계에서 빚어지는 문제들처럼 인간관계는 바로 자아와 자아가 서로 부딪치는 것인만큼, 모든 인간관계의 형태가 거기에 집약되어 있는 것이 상례이다.

조직이라는 집단에 있어서의 인간관계도, 잘 고찰해 보면 부부관계의 그것과 다르지 않다는 것을 알 수 있다. 집단이 되어 있기는 하지만 전투를 할 때는 결국 순간적인 상대는 한 사람인 것과 마찬가지로, 반드시 개인 대 개인의 문제로 귀착된다.

그러나 조직에 있어서는 자아와 자아가 서로 부딪친다고 하더라도, 부부처럼 개인 간의 횡적인 관계뿐만 아니라 종적인 관계도 반드시 따라다닌다.

"이 몸을 죽여서 군주에게 이익이 된다면, 이를 실행하리라."

이것은 공자가 '고어古語'를 인용해서 한 말이다. 신하로서 자기의 목숨을 버리는 것이 군주에게 이익이 되는 일이라면 죽는 것도 마다하지 않겠다는 뜻이다. 이것도 또한 하나의 인간관계이다. 조직을 책임지고 있는 리더는 때때로 이런 관계를 요구하고 싶어 한다. 그렇지만 요구해도 아랫사람이 따르지 않는다면 그러한 소망은 이루어질 수가 없다. 하물며 그것을 강요하는 따위는 있을 수 없는 일이다.

앞에서 한 말은 그 자체만 보면 '충성'이라고 할 수 있으나, 실은 그 뒤에 다음과 같은 말이 이어지고 있다.

"하물며 그 몸을 우干로 함으로써 그 군주를 좋게 할 수 있음에서랴!"

이는 더구나 그 몸을 존귀안락하게 두면서, 그 군주를 좋게 할 수 있다면 그보다 더 좋은 일은 없다는 뜻이다. 일반적으로, 앞의 말보다도 뒤의 말에 의거해서 행동한다. 하지만 전자와 후자가 연결되어 있어야만 비로소 같은 의미를 갖는 것이다.

그런데 윗사람과 아랫사람은 각자가 그 두 가지 말을 분리해서 생각하는 경향이 많다. 하물며 오늘날처럼 '리더'라는 것을 매개로 한 경우에는 소위 '충'이나 '의'라는 것이 아무래도 희석되어지고 후퇴하는 기미가 매우 짙다. 자기중심적이라고나 할까 아니면 합리적이라고나 할까. 점점 더 메마르고 냉담한 인간관계로 중심이 기울고 있다는 느낌은 지울 수가 없다.

인간은 희노애락을 지닌 감성의 동물이다. 하나에서 열까지 냉담하게 딱 잘라 결론을 내릴 수는 없다. 그러기에 몇 천 년 동안이나 사람과 사람과의 갈등이 전개되고 있는 것이다.

비즈니스 행동은 항상 합리성이 요구되고 있거니와, 그 행동의 주체는 어디까지나 인간이고 인간집단인 것이다. 그것은 곧 모든 것을 합리적이며 냉담한 행동만으로 규정지을 수는 없다는 것을 의미하고 있다. 또 그러기에 역으로도 큰 성과를 올릴 수 있는 것이다. 즉 오늘날에는 책상 서랍 속에서 잠자고 있는 '충'이나 '의'에는, 상식을 초월한 막강한 힘이 숨겨져 있다. 그 점을 재인식할 필요가 있을 것이다.

충성심이나 충의 같은 것은 때로는 위로부터 강요되기 쉽다. 또 그릇된 충성심으로 행동해 버리는 일도 적지 않다. 그것은 '충'이나 '의'의 본질이 무엇인가를 잘 알지도 못하면서 자기 형편에 따라 해석해 버리기 때문이다.

꿈을 좇는 제갈량의 선택

제갈량, 자字는 공명이다. 조조와 유비, 손권 등 삼국지의 영웅들과 어울려, 오늘날에도 가장 잘 알려진 인물이라 할 수 있다. '와룡'이라고도 일컬어진다. 공명은 서서의 추천으로 유비와 만났다. 남양군 등현의 융중에서 농사를 짓고 있는 것을, '삼고초려' 끝에 맞이하게 된 것이다.

당시, 천하의 형세는 조조에 의한 천하통일의 추세에 있었다. 그 시대의 흐름을 거슬러 굳이 천하를 삼분하는 방향으로 이끈 이가 바로 공명이었다. 공명이 유비의 '삼고'를 받고 '천하삼분지계'를 개진한 것은 이십칠 세 때, 건안 12년(서기 207년)의 일이었다. 공명은 아직 무위무관無位無官의 청년이었다.

제갈공명이 제시한 '천하삼분지계'는, 그 후 몇 년이 지나지 않아서 그 전략이 옳았다는 것이 증명되었다. 천하를 손에 쥔 것처럼 보였던 조조의 야망을 꺾고, 조조의 위나라, 유비의 촉나라, 손권의 오나라 삼국이 그 세력을 서로 겨루게 되었던 것이다.

무위무관의 청년이, 비록 한왕조의 혈통을 이어받은 황족이라고는 하나 파죽지세인 조조에 비하면 하잘것없는 방랑의 신세인 유비에게, 천하삼분지계의 문제를 개진한 것이었다. 상식적으로는 권력이 없는 사람에게 허풍을 떨고 있는 것처럼 보였을지도 모른다. 이는 현재의 경우로 보면 벤처비즈니스(모험기업)에 뜻을 둔 청년이 금융기관이 아닌 조그만 돈놀이꾼에게 자신이 바라는 새로운 사업에 대해 누누이 설명하고 있는 광경과 비슷하다 할 것이다. 제갈공명이 바랐던 것은 돈도 명예도 아니었다.

"한漢을 부흥시켜라!"

이 한 가지였다고 할 수 있다. 물론 한나라의 재흥을 기원함은 모든 장수의 마음속에 자리하고 있었다. 하지만 세월이 지남에 따라 서서히 진부해졌다는 것도 사실이다.

현실적인 문제로, 조조처럼 권력 탈취를 위해 매진하고 있는 사람도 있었으며, 설사 '한나라의 재흥'이 도리에 합당한 것이었다 하더라도, 그것은 단순한 명분에 지나지 않는 것일 수도 있었다. 제갈공명은 그런 풍조 속에서, 굳이 유비라는 하잘것없는 존재를, 천하를 삼분하는 일대 세력으로까지 밀어 올리려고 했다. 바꿔 말하면, 유비로 하여금 자기 자신의 소망을 달성케 하고자 꾀했던 것이다. 그런 의미에서는 벤처비즈니스를 지향하는 청년과 다름없이 어떤 집념에 사로잡힌 사람이었다고 해도 좋을 것이다.

공명은 꿈을 좇는 사람이었다. 그런 강한 꿈이 있었기에 그의 행동에는 넓이와 깊이가 있었으며, 비약을 위한 강력한 용수철이 되기도 했다. 그에게 있어서 탁월한 선택은, 한나라를 재흥한다는 자기 자신의 이념을 달성하기 위해, 권력의 찬탈자인 조조보다 한나라 황족인 유비를 자신의 동반자로 선택했다는 점이다.

두 사람이 그리는 한나라의 이미지는 서로 달랐다. 하지만 공명은 자신의 이념으로 한나라 재흥을 위해서는, 정통적인 존속 태세로서 유비를 앞세웠고, 또 유비로서도 그것이 소망이었으므로 두 사람이 맺어졌다고 할 수 있을 것이다.

현대의 기업사회에서도 이와 비슷한 상황을 찾아볼 수가 있다. 물론 그 어떤 상황이라도 단순한 흥정으로는 의미가 없는 것이며, 거기엔 어떤 강력한 '의지'가 있어야 하는 것이 전제가 된다.

성패의 기회는 오늘에 있다

제갈공명이 무대에 등장한 시기는 조조의 패업이 바야흐로 달성되는 것처럼 보였을 때였다. 당시 유비는 거점을 잃은 상태에 놓여 있었으며, 조조의 눈길은 손권에게 쏠리고 있었다. 조조의 대군을 맞이한 손권이 어떻게 대응하느냐가 세상 사람들의 관심의 초점이 되고 있었다.

유비가 조조와 상대해 나가려면 손권과 손을 잡는 수밖에 없었다. 하지만 손권은 상황만 지켜보고 있을 뿐이었다. 이에 공명은 시상柴桑에 포진하여 상황을 지켜보고 있는 손권을 급히 찾아가서 조조와 싸울 것을 설득했다. 이때 제갈공명의 설득방법은 참으로 교묘했다.

"천하가 몹시 어지러운 때, 장군(손권)은 강동을 지반으로, 또 우리 주군인 유비께서는 형주荊州의 군사를 이끌고 조조와 천하를 다투어 왔습니다. 그런데 바야흐로 조조가 나아가는 곳엔 적이 없으며, 유비께서도 부득이 난을 피하고 있습니다. 장군께서는 이때가 중요한 때입니다.

조조에게 대항할 수 있다는 생각이라면 즉시 단행해야 할 것이며, 자신이 없으면 일찌감치 조조에게 항복하는 것이 좋은 계책일 것입니다. 지금 장군께서는 복종하는 체하면서 사실은 손익을 계산하며 태도 결정을 늦추고 계십니다. 그런데 화는 바로 눈앞에 닥쳐와 있습니다."

그 말을 듣고 손권이 말했다.

"정 그렇다면 유비께서도 빨리 항복하면 좋지 않은가?"

그 말을 듣고 제갈공명은 손권에게 이렇게 답했다.

"일찍이 제齊나라의 전횡이라는 자는 일개의 장사이면서도 의를 위해 목숨을 버리기를 아까워하지 않았습니다. 하물며 우리 유비께서는 한나라 왕실의 핏줄을 이어 받은 분으로, 그 영명함이 천하에 알려져 있으며, 물이 바다로 흘러들어 가듯이 천하의 덕망을 모으고 계십니다. 설사 실패한다 하더라도 그것은 천명입니다. 어찌 조조의 군문軍門에 항복할 수가 있겠습니까?"

제갈공명은 자기편에서는 한 가지 길밖에 취할 수 없는 데 비해, 손권에게는 두 가지 길이 있다는 것을 말하고 태도를 결정할 것을 요구했던 것이다.

두 사람은 첫 대면이었다. 더구나 제갈공명의 나이 스물여덟이고 손권은 스물일곱이었다. 손권의 입장으로 볼 때 목전의 제갈공명에게 강한 라이벌 의식을 가졌음에 틀림없다.

제갈공명은 손권의 자존심을 긁으면서도 의를 위해서라면 유비는 결코 무릎을 꿇지 않을 것이라고 자극했다. 그리고 조조의 군세는 대군이라고는 하나 수전에는 익숙하지 않으며, 또 조조에게 반드시 심복들만 있는 것은 아니라고 했다. 손권이 패하는 일은 없으며 만약 조조가 패배하면 손권의 오나라와 유비의 형주荊州는 반석 같은 세력이 되어 천하를 삼분하는 형태가 된다고 말했다. 그러면서 '성패의 기회는 오늘에 있다'고 설득했다.

제갈공명은 손권으로 하여금, 결국은 조조와 싸우지 않을 수 없게끔 교묘하게 유도했던 것이다. 그런데 이때 제갈공명의 형인 제갈근이 손권에게 몸을 의지하고 있었다. 손권이 제갈근을 보고 말했다.

"그대와 제갈공명과는 친형제가 아닌가. 동생이 형을 따르는 것이 당연하므로, 제갈공명으로 하여금 오나라에 머물도록 붙들면 어떻겠는가?"

이 말을 들은 제갈근은 다음과 같이 말했다.

"그것은 무리입니다. 동생은 그쪽에 일신을 바쳐 주종의 관계를 맺고 있으며, 의리상 이를 배반할 수가 없습니다. 저로서도 마찬가지입니다."

이 말을 듣고 손권은 크게 감탄했다고 한다. 이는 제갈 형제의 인품이나 당시의 주종관계가 어떤 것이었는가를 엿볼 수 있는 좋은 예이다.

의義를 행동의 배경으로

제갈공명은 군사로서 이름이 높은 인물이었고, 전략가로도 능력이 높

앉으며 인간으로서도 걸출한 인물이었다고 할 수 있다. 분명 그는 자기 자신의 이념인 '한나라의 재흥'에 그 큰 꿈을 걸고, 유비를 업고 천하삼분의 한 모퉁이를 떠맡게 하는 데 성공했다. 그것만으로도 보통이 아닌 역량을 가진 사람임에는 틀림없지만, 그 이상으로 감탄을 금할 수 없는 것은 의를 존중했다는 점이다.

뛰어난 인물을 심복 부하로 삼은 유비는 참으로 행복한 사람이었다고 할 수 있다. 유비가 병환으로 쓰러져 점점 위중해진 서기 223년 봄, 그는 제갈공명을 머리맡에 불러 이렇게 부탁했다.

"그대의 재능은 조비曹丕(조조의 아들로 위나라의 초대황제, 문제)보다 열 배나 뛰어난 사람이다. 그대의 손으로 이 나라를 안정시키고 천하통일의 대업을 이룩해 주리라 믿는다. 만약 아들 유선이 보좌할 만한 가치가 있다면 아무쪼록 보살펴주기 바란다. 그러나 그 기량이 없다는 판단이 선다면 그대가 대신 황제의 자리에 오르도록 하라."

유비의 간청에 공명은 목메어 울면서 이렇게 말했다.

"신은 충심으로 신하로서의 힘을 다하고 충절을 지키며 목숨을 바쳐 유선을 보좌하겠습니다."

자신은 어디까지나 신하로서 충절을 다하며 목숨을 바쳐서라도 지키겠다는 말이다. 유비가 죽은 뒤, 제갈공명은 유선을 받들어 촉나라의 경영에 전념했으며 전심전력을 다하여 유비의 부탁을 지켰다.

이런 제갈공명의 생활태도는 의義에 바탕을 둔 것임은 두말할 것도 없다. 단순한 충성심이 아니다. 한 인간으로서 의를 위하여 목숨을 바친 것이다. 물론 그 행동의 밑바닥에는 자기 자신의 이념을 끝까지 추구하려는 것으로 유비나 유선은 말하자면 '도구'였을지도 모른다.

하지만 그런 것과는 별도로 의를 존중하고, 그것을 지키는 일이야말로 인간으로서 하지 않으면 안 되는 일이라고 강력히 자각하고 있었음이 틀림없다. 그렇지 않았으면 스스로 황제의 자리에 올라 마음속에 그리던 한나라 왕조의 재흥을 지향했을 것이다. 제갈공명 정도의 역량이 있는 사람이라면 그것은 어렵잖게 실현할 수 있는 일이기 때문이다.

그러나 유감스럽게도 오늘날의 기업조직을 바라볼 때, 제갈공명이 구현한 것 같은 두터운 충성심의 발로는 매우 드물다. 충성심이 마치 봉건적인 것이기라도 하듯 생각하는 탓일 것이다. 의에 바탕을 둔 진정한 인간으로서 충성심이라면, 그것은 고금을 통해 똑같은 것일 것이며, 또한 행동의 배경으로써 커다란 위력을 발휘할 수 있을 것이다.

07

군율에 몸을 바친
영재英才 마속

실수에 대한 대응과 신뢰관계의 중요성

조직에 있어서의 상하관계라는 것은 원칙적으로는 명령의 유무에 의해서 성립된다. 다시 말해서 명령하는 사람과 명령을 실행하는 사람의 짜임새가 갖가지 서로 다른 형태로 성립되어 이루어진 것이 조직이다. 조직은 명령계통이 명확하지 않으면 조직으로서의 유기적인 행동을 하기 어렵다. 일(조직으로서의 행동)에 대한 책임의 소재가 모호하면 마무리가 허술해지고 각자의 자기 판단에만 의존해 대응하기 때문에 대충대충 처리될 수 있다.

명령의 유무나 책임의 범위와는 별도로 조직이 성립되는 요소로서 중요한 것은, 구성원 간에 있어서의 신뢰관계이다. 신뢰가 있기 때문에 윗사람은 명령을 내릴 수 있고, 또 아랫사람은 그것을 따르고자 하는 것이다. 신뢰관계가 무너진 조직이 얼마나 매끄럽지 못한 것인가를 생각한다면, 명령 운운하기 전에 신뢰관계의 중요성을 깨달아야 한다.

일반적으로는 부하를 신뢰하고 일을 맡기거나 어떤 중대한 실수가 있었을 경우에 어떻게 대응하느냐에 따라서 그 상사의 '그릇'을 알 수 있게 된다. 그것은 크게 나누어 다음과 같은 대응으로 생각할 수 있다.

① 부하의 실수는 모두 자기 책임이라는 생각에서, 부하보다 자기가 어떻게 책임을 질 것인가에 대해서 생각한다.

② 믿고 일을 맡겼는데 배신당했다는 생각이 앞서서, 부하의 나쁜 점을 질책하고 공격한다.

③ 자기의 책임을 통감하면서도 그것은 개인의 문제로서가 아니라 조직상의 문제로서 조취를 취해야 한다고 생각한다.

책임감이 강한 사람이라면 ①이 될 것이고, 보신保身을 생각하면 ②가 된다. 또 개인적인 자질이나 역량의 문제가 아니라, 조직으로서 어떻게 대처해야 하는가를 우선적으로 생각하는 사람은 ③이 된다. ①②③의 셋 중 어느 것을 취하든, 그게 꼭 잘못이라고는 할 수 없을 것이다. 사람은 감성의 동물이며, 보신본능도 있는가 하면 자기희생의 마음도 없는 것은 아니다. 또 냉정하게 대처하려는 판단력도 있다. 다만 당사자는 어느 것을 취하든 그 나름대로 이유를 붙일 수는 있겠으나 제삼자의 견해는 꼭 그렇지만은 않다고도 할 수 있다.

①의 대응방법은 자의식이 너무 강한 것이 아닌가 하고 생각하는 사람도 있을 것이고, ②의 경우에는 볼꼴 사나워서 외면해 버릴는지 모른다. 또 ③의 대응은 현실문제로서 가능할까 하고 생각하는 사람도 있을 것이 틀림없다. 그러나 결국은 ③이 좋지 않겠는가 하고 생각하게 되겠지만, 당사자가 아닌 이상 간단히 이 결론은 내릴 수 없다. 만일 자신이 그 와중에 빠져 있다면 이치대로 결론을 내릴 수 있을는지도 알 수 없다.

물론 부하에 대한 신뢰도에 따라서 이 대응은 달라진다. 중대한 실수를 저질렀다고 하더라도, 평소에 깊이 신뢰하고 있는 부하와 그다지 신뢰(기대)하지 않고 있는 부하와는 자연히 그 판단방법에 차이가 생길 것은 당연하다.

이것은 말하자면 개인적 감정과 조직운영을 어떤 형태로 조화시킬 것인가 하는 문제에 다가가게 된다.

읍참마속泣斬馬謖

조직행동에 있어서의 실수는 개인에게 그 원인이 있는 것이라 할지라도, 그 수준으로만 생각하고 처리하면 안 되는 것이다.

'읍참마속' 『삼국지』 「마속전」에 나오는 말로 제갈공명이 신임하고 있던 심복 부하 마속이 군령을 어기어 가정街亭싸움에서 패배한 것에 대해, 인정이라는 점에서 보면 차마 처벌할 수가 없으나 부득이 울면서 목을 베었다는 고사성어이다. 앞에서 말한 대응방법으로 말하면, ③에 해당된다.

마속은 유비를 따라 촉나라로 들어와 면죽綿竹, 성도成都의 현지사縣知事와 월준군越儁郡 태수를 역임한 인물로, 공명의 참모직을 맡은 존재였다. 심복 중의 심복이었던 것이다. 마속의 형제 다섯 명은 모두 뛰어난 인재로 이름이 높았다고 한다. 오늘날 뛰어난 인재로 이름이 높은 사람을 가리켜 '백미白眉'라고 하는데, 이 백미의 어원이 된 것은 마속의 형인 마량이 아주 뛰어난 인재였는데, 그의 눈썹이 희었다는 데서 유래한다.

3세기 초두의 중국은 그야말로 뒤얽힌 난마亂麻와 같은 상태였다. 유비가 삼고초려 끝에 맞아들인 제갈공명은 유비가 죽은 다음 그 유지를 받들어 '한나라 왕실을 재흥'하기 위해 전력을 기울이고 있었다. 마속은 그런 공명의 좋은 심복으로서 그를 돕고 있었다. 나이가 젊어 아직 무장으로서 완벽하다고 할 수는 없었으나, 공명은 마속의 능력을 높이 평가하여 중용했다.

제갈공명이 유비와 그 아들 유선의 좋은 참모가 되어 그들을 섬겼던 것과 마찬가지로, 마속 역시 제갈공명의 신뢰에 보답하기 위해 진심으로 그를 섬겼다. 마속은 제갈공명의 입장에서 '옳다'고 생각되는 일은 적극적으로 진언했다.

제갈공명이 스스로 군사를 이끌고 남방의 반란군을 토벌하러 갔을 때의 일이다. 마속이 수도를 몇십 리 벗어나 공명을 배웅하고 헤어질 때 공명이 마속에게 물었다.

"지금까지 토벌작전에 대해 여러 모로 의논했거니와, 또 다른 어떤 좋은 방책은 없는가?"

이 물음에 마속은 이렇게 진언했다.

"승상께서 남부의 수도에서 멀리 떨어져 있기 때문에, 여태까지 자주 배반의 움직임을 봐 왔습니다. 그러므로 이번에도 진압은 할 수 있겠으나, 머지않아 다시 반란을 일으킬 것입니다. 승상(공명)의 최대의 과제는 북방의 역적 위나라를 치는 일이므로, 남부에서 반란을 일으키지 않게 하기 위해서는 여자와 아이들까지 몰살할 수밖에 없습니다. 그러나 그것은 불가능하며, 또 어진 자의 마음에도 위배되는 짓입니다.

무릇 싸움의 길은 마음을 공격함을 상上으로 삼고, 성을 공격함을 하下로 칩니다. 또 심전心戰을 상으로 삼고, 병전兵戰을 하로 칩니다. 그러므로 무엇보다도 그들의 마음을 복종케 할 것을 생각해 주십시오."

이는 오늘날 서비스 전략에도 똑같이 적용되는 일이며, 세일즈 행동의 근본이기도 하다. 제갈공명도 자기 자신의 뛰어난 군략가인 마속이 하는 말뜻은 당연히 알고 있었을 것이다. 그런데도 제갈공명은 마속의 말을 가볍게 여기지 않고 귀담아 들었다. 마속이 자기를 위해 충심으로 궁리하고 생각해 주고 있음을 알고 그 지성에 보답했던 것이다.

신뢰와 헌신의 축대築臺

마속은 진언과 헌책獻策(일에 대한 방책)에 적극적이었다. 상사를 위해 좋다고 생각하는 것을 적극적으로 진언하고, 또 상사도 그에 대해 곡해하지 않고 순수하게 받아들이는 것이 아랫사람을 보다 뛰어난 존재로 끌어올리게 된다. 상사가 자기의 헌책을 솔직히 들어준다는 것은 부하로서는 무엇보다도 큰 기쁨이며, 그것이 부하를 더 열정적으로 일하게 만드는 요소가 된다. 이는 지금이나 옛날이나 다를 바가 없을 것이다.

마속은 재치가 번뜩이는 사람이었으며, 또 싸움에 있어서도 자주 공을 세우고 있었으므로, 제갈공명은 마음속으로 그가 대성하기를 기대하고 있었다. 마속 또한 자기를 신뢰하고 진언을 순수하게 받아들여 주는 공명에게 더욱 헌신하고자 하는 마음가짐이었다.

그러한 마속의 운명을 하루아침에 뒤집어놓은 것이 가정街亭에서의 전투였다. 각지를 공략한 제갈공명은 승전의 여세를 몰아 그대로 장안長安으로 진격하여 위나라 수도 낙양洛陽으로 쳐들어가려 했다. 이를 알고 위나라 황제 조예(조조의 손자)는 사마의(자는 중달)로 하여금 이십만 대군으로 제갈공명의 촉군과 대치하게 했다. 이때 제갈공명이 염려한 것은 식량 수송의 요충인 가정이었다. 이 가정을 위군이 장악한다면, 전선의 촉군은 숨통이 끊어지는 것이나 다름없었다. 그러므로 어떤 일이 있어도 가정만은 사수할 필요가 있었다. 누구에게 가정을 지키게 할 것인가 하고 공명은 크게 고민했다. 그때 그 임무를 맡겠다고 자청한 이가 마속이었다. 공명은 그의 능력을 높이 평가하고 있기는 했지만, 아직 나이가 젊었으므로 적이 망설였다. 하긴 젊다고 하지만 이때 마속의 나이 서른 여덟이었다. 가정을 사수하는 일은 무척 중요한 일인 만큼, 공명으로서도 신중에 신중을 기해야 했다. 어쩌면 선제 유비가 임종의 자리에서 말한 것이 그의 머릿속에 남아 있었는지 모른다.

"마속은 말에 비해 힘이 약하다. 중대한 일은 맡길 수 없다."

하지만 마속은 이만저만 간청하는 것이 아니었다.

"반드시 사수하겠습니다. 만일 패할 경우에는, 제 한 몸은 물론이거니와 일족이 모두 엄벌을 받아도 좋습니다."

공명은 마속의 열의에 감동했다.

"진중陣中에서는 농담이 없는 법이다."

공명은 다짐하게 한 뒤 그 큰 임무를 마속에게 맡겼던 것이다. 하지만 마속의 열의만으로는 끝끝내 가정을 지킬 수가 없었다. 마속은 가정의 싸움에서 위나라의 사마중달군에게 끝내 패하고 말았다. 결국 제갈공명의 군대는 일시 한중漢中으로 후퇴하지 않을 수 없게 되었다. 그는 마속을 기용한 잘못을 후회했으나 이미 때늦은 후회였다.

전군이 한중으로 철수를 끝내고, 제갈공명은 가정에서의 패권 책임을 물어 마속에게 참수형을 선고했다. 어려운 상황에 직면하고 있던 그때 마속과 같이 유능한 인재를 잃는다는 것은 제갈공명으로서도 말할 수 없이 괴로운 일이었다. 마속의 구명求命을 탄원하는 소리도 있었다. 그러나 제갈공명은 단연코 사사로운 정을 뿌리치고 처형을 단행했다. 처형이 끝나자 십만 장병이 모두 눈물을 흘렸다고 한다.

군율과 위기관리

마속은 죽음에 즈음하여 다음과 같은 글을 제갈공명에게 보냈다.

"지금까지 승상께서는 저를 친자식처럼 사랑해 주셨습니다. 저 또한 승상을 친아버지처럼 따라왔습니다. 그렇지만 이번 일은, 일찍이 순舜이 대의를 위해 곤을 처형하고, 우禹를 등용한 고사를 상기想起하시어 행여 사사로운 감정에 꺾여 지금까지의 순수한 교정交情(서로 사귀어 온 정)에 상처가 가지 않도록 부탁드립니다. 그래야만 아무런 미련도 없이 황천길을 갈 수가 있습니다."

곤을 처형하고 우를 등용한 고사라는 것은, 요堯임금 때 큰 홍수가 났는데 곤을 등용하여 치수治水를 맡게 했으나, 뜻대로 성과가 오르지 못하자 섭정攝政이 된 순이 곤을 유형에 처하고 그 아들인 우를 등용해서 성공시킨 사실을 말한다.

나중에 승상부丞相府 부장관인 장완이 한중으로 찾아와 말했다.

"천하가 아직 한참 어지러운 이때 지모에 뛰어난 장수를 죽인다는 것은 너무나 아까운 일이 아닙니까?"

이 말에 제갈공명은 눈물을 흘리면서 괴로운 가슴속을 토로했다.

"손무가 천하에 그 무위武威(무력의 위엄)를 떨칠 수 있었던 것은 군법을 엄격하게 적용했기 때문이 아닌가. 또 진나라 도공의 동생 양간이 법을 어겼을 때 대부인 위강이 그 마부를 주살한 것도 같은 생각에서이다. 지금 천하는 분열되고 풍운이 위급해지고 있는 이때, 만의 하나라도 군법을 굽히는 일이 있다면 어찌 역적 위나라를 칠 수가 있겠는가?"

그리고 제갈공명은 마음속으로 이렇게 중얼거리고 있었다.

'전쟁을 함에 있어 비록 인선人選이 잘못되기는 했을지라도, 마속은 목숨을 걸면서까지 나를 위해 최선을 다해 주었다. 마속과 같은 유능한 인재를 잃는다는 것은 괴로운 일이다. 그러나 지금과 같은 어지러운 상황에서는 군율을 엄격하게 지키는 것이 무엇보다도 중요하다.'

제갈공명은 자신의 지휘관으로서의 책임에 대해 후주 유선에게 상주문上奏文을 올렸다. 유선은 그 상주를 받아들여 공명을 우장군右將軍으로 강등시켰지만, 승상의 직무는 종전대로 진행케 하고 지금까지와 변함없게 했다.

공명에게 다시 진격할 것을 권하는 사람이 있었으나, 그는 패전의 원인이 최고지휘관인 자기에게 있음을 인정하고 다음과 같이 말했다.

"이 경험에 비추어볼 때, 지금 해야 할 일은 소수정예에 철저하고, 상벌을 분명히 해서 사소한 과실도 용서 없이, 장래에 대한 타개책을 강구하는 일이다. 그렇게 하지 못하면 대병력을 거느리고 있어도 아무런 쓸모가 없다. 앞으로는 진심으로 나라를 생각하는 사람은 내 결점을 지적해 주기 바란다. 그렇게 하면 확고부동한 방책을 세워 역적을 멸망시키고, 대업을 성취하는 날도 멀지 않을 것이다."

마속을 단죄한 사건은 상사와 부하의 관계, 실수에 대응하는 방법, 또는 조직의 리스크 매니지먼트(위기관리) 따위를 생각하는 데 있어 매우 참고가 된다. 또 지휘관의 자세, 참모나 부하의 마음 등에 대해서도 근본적인 자세를 정립하는 방법을 생각하게 해주는 일이기도 하다.

'읍참마속'이라는 고사성어의 배경에는, 참으로 다양한 개인 및 조직의 문제점이 내포되고 있는 것이다.

08
사리와 한계를
관철한 관우

용맹한 장수의 가식 없는 얼굴

"경송勁松은 세한歲寒에 빛나고, 정신貞臣은 나라가 위태로울 때 나타난다."

경송이란 엄동설한의 눈보라 속에서도 그 잎의 빛깔이 변하지 않는 강한 소나무를 말하며 절개가 있는 곧은 신하를 비유한다. 즉 '어려움을 당하여 비로소 인간의 진가를 알 수 있으며, 사변을 만났을 때 비로소 절개가 높은 것을 알 수 있다'라는 말이다.

사람이 순조로운 환경에 있을 때는 십중팔구 어떤 '꾸밈'을 하고 있는 법이다. 겉치레나 체면도 있을 것이고 교언영색巧言令色(아첨하는 말과 알랑거리는 태도)도 있을 것이다. 그런 일종의 가면은 순조로운 환경이 계속되는 동안은 벗겨지는 일도 없으며, 또 억지로 벗기려 하는 행동도 하지 않는다. 굳이 풍파를 일으킬 필요가 있느냐 하는 면도 있다.

그러나 일단 역경에 부닥치면 대부분의 사람은 가면을 벗어 팽개치고 본성을 드러낸다. 부하를 사랑한다는 평판이 높았던 사람이 일변해서 자기 보호에 급급하다든가, 평소 주위 사람들로부터 경시당하고 있던 사람이 놀랄 만한 활약을 보이기도 한다.

'진정한 군사적 천재는 패전 때 그 진가를 발휘한다'고 하지만 상황이 나빠지면 나빠질수록 사람의 본질이 나타나게 된다. 물론 반대 상황일 경우에도 '물을 만난 고기'처럼 재능을 발휘해서 크게 비약하는 사람도 있다. 사람이 어떻게 생각하고 행동하느냐 하는 것도 역경일 때 그 본질이 잘 나타나는 법이다. 그러므로 그런 때에 자기가 어떻게 행동하느냐 하는 것은 물론이거니와 남들도 나의 언행을 세심하게 관찰하고 있다는 것을 명심해야 한다.

이처럼 역경에 빠지면 누구든지 남을 의식하고 가장하기는 어려우므로 아무래도 본질이 나타나게 마련이다. 그렇다면 어떤 경우에도 변하지 않는 사리事理라든가 한계의 구분 같은 것을 평소 몸에 익혀 두는 것이 좋다. 개인의 행동원리를 확립해 두는 것이다. 그렇게 하면 순조로운 환경이든 역경이 닥치든 그 언행이 달라지는 일은 없을 것이다.

삼국지의 일익을 담당한 촉나라의 유비, 그 유비가 있는 곳에는 반드시 관우·장비가 있다는 말을 들을 정도로, 그 두 사람은 유비를 그림자처럼 수행했다.

관우, 자는 운장雲長이다. 장비와 함께 유비의 거병 때부터의 부하이며, 이 세 사람은 형제와 같은 사이였다. 이들의 관계는 의형제의 약속을 맺었다고 하는 '도원지의桃園之義'의 장면까지 만들어질 정도이다.

관우에 대한 이야기는 나중에 소설이나 희곡으로 씌어 세상에 널리 알려졌으며, 마침내는 '관제묘關帝廟'에 신으로까지 모셔지게 된다. 관우가 신으로 모셔지게 된 이유의 하나는, 그가 의인이라는 이미지가 짙었기 때문이다.

삼국지의 편자인 진수는 관우와 장비에 대해 다음과 같이 평하고 있다.

"관우와 장비 두 사람은 모두 병사 일만 명에 필적했다. 확실히 용맹하고 과감한 사람이었다. 두 사람 모두 우국지사憂國之士의 풍격을 갖추고 있었다. 단점으로는 관우는 지나치게 용감해서 남을 깔보았으며, 장비는 지나치게 난폭해서 은혜를 베풀지 않았다. 각자가 지닌 이러한 점으로 인해서 몸을 파멸로 이끈 것은 하는 수 없는 일이었다."

역사가인 진수의 눈은 냉철한 데가 있다. 이런 점에서 두 용장의 가식 없는 얼굴을 엿볼 수 있는 것 같아 흥미롭다.

포로가 된 관우를 후대厚待한 조조

유비를 그림자처럼 따라다녔던 관우는 어느 해 불행하게도 조조에게 사로잡히는 몸이 되었다. 그보다 앞서 여포를 멸망시킨 조조는 유비를 좌장군左將軍으로 임명하고 대단히 후하게 대우하고 있었다. 외출할 때는 유비를 자기의 마차에 함께 태웠으며, 자리를 함께 할 때는 옆자리에 앉히는 등 그야말로 정중하게 대우했다. 그런 중에 조조를 배척하는 움직임이 일어났다. 당시 헌제獻帝가 있기는 했지만 나라의 정사는 모두 조조의 손에 쥐어 있었기 때문에 천자는 이름뿐인 존재였다. 헌제도 또 신하들도 조조의 거드름에 불쾌감이 더해갈 뿐이었다.

유비도 '조조를 주살하라'는 헌제의 밀칙을 받고 기회를 엿보고 있었지만, 실행으로 옮기기도 전에 북방에 세력을 뻗치던 원술을 치라는 명령을 받고 출발해야 했다. 그러다 유비가 떠난 후에 조조를 주살하려는 계획이 탄로가 나면서 헌제의 숙부뻘이 되는 거기장군車騎將軍 동승 등을 비롯해 전원이 체포되어 처형당하고 말았다.

한편 원술을 토벌하러 간 유비군은 서주徐州로 들어가서 하비성에 본거를 두었다. 그러나 원술이 곧 병이 들어 죽었으므로 부장副將인 주령 등은 철수해 버렸다. 그러자 유비는 서주자사徐州刺史인 차주를 죽인 다음 공공연하게 조조에게 반기를 들었다. 그리고 관우에게 하비성의 수비를 맡긴 다음, 유비는 소패小沛(유비의 전의 본거지)로 돌아갔던 것이다.

이러한 유비의 행동을 계기로 동해군東海郡 태수인 여패도 반기를 들었고, 연이어 많은 군현郡縣도 함께 궐기해서 유비 쪽으로 돌아섰다. 그 수가 수만 명이나 되었다고 한다. 유비는 또 원술의 뒤를 이은 원소와 손을 잡았다.

조조는 이런 움직임에 대해서 유대와 왕충을 토벌군으로 내보냈으나 도무지 상대가 되지 않았다. 그래서 조조는 서기 200년에 스스로 동정군東征軍을 일으켰다. 유비는 조조가 대적인 원소와 대진하고 있는 때인 만큼, 자기에게까지 손을 쓸 겨를이 없을 것이라고 낙관하고 있었다. 하지만 조조는 정병精兵(우수하고 강한 군사)만을 이끌고 동정에 나섰던 것이다.

"조조의 군대가 쳐들어왔습니다!"

부하의 보고를 들은 유비는 믿어지지 않는다는 듯이 수십 기의 부하를 이끌고 성 밖으로 나가 보았다. 분명히 조조의 지휘기가 펄럭이고 있었다. 그것을 본 유비는 순간적으로 군사들을 버려 둔 채 원소에게로 달아나고 말았다. 관우는 이때 포로의 몸이 되고 말았다. 하지만 허도許都로 끌려간 관우에 대해 조조는 처벌하기는커녕 편장군偏將軍(일부 군의 대장)으로 임명하고 정중한 대우를 했다.

한편 유비를 맞은 원소는, 심복인 안량으로 하여금 조조의 지배하에 있는 동군東郡을 치게 해서 동군태수인 유연을 공략케 했다. 그러자 조조는 지용智勇을 겸비한 무장으로서 이름난 장요와 관우를 선봉장으로 삼아 유연을 구원하러 급히 떠나게 했다.

관우로서는 복잡한 심경이었을 것이 틀림없다. 자신의 군주인 유비가 몸을 의지하고 있는 원소와 싸움을 벌이게 되었기 때문이다. 하지만 이 싸움에서도 관우의 활약은 눈부실 정도였다. 안량의 장수기를 보자마자, 한달음에 돌진하여 적과 아군이 지켜보는 가운데 눈 깜짝할 사이에 안량의 목을 베고 말았다. 원소 쪽의 무장들은 유유히 되돌아가는 관우를 그 저 망연히 지켜보고 있을 따름이었다.

싸움은 싱겁게 조조군의 승리로 끝이 났다. 이후 조조는 관우의 군공 을 조정에 주상하여 그를 한수정후로 삼았다.

군신 사이의 '의'

관우의 눈부신 활약을 말하는 사람은 흔히 그 의기義氣에 감동하는 듯 한 일면이 있는 것처럼 보일지 모른다. 다시 말해서 본래 같으면 포로가 된 시점에서 관우는 처벌을 각오했는데도 오히려 뜻하지 않은 후한 대접 을 받은 것이다. 그래서 크게 감격하여 조조를 위해 분투했다는 셈이 된 다. 그러나 자신이 섬기던 주군이 원소의 진에 머물러 있는 만큼 단순히 '의기에 감동한 결과'라고 할 수는 없을 것이다. 이런 점이 언뜻 보기에 알 수 없는 일처럼 생각되기는 하나, 군신 사이의 '의'라는 점에서 생각 한다면 이해하기 쉽다.

이러한 관우의 행동 배경을 읽을 수 있는 일화가 있다.

조조는 관우라는 인물이 무척이나 맘에 드는데, 그가 자기 곁에 오래 있을 생각을 않는 것 같았다. 그래서 부하인 장요로 하여금 관우의 본심 을 알아보도록 했다. 장요의 얘기를 들은 관우는 이렇게 말했다.

"승상께서 참으로 잘 대접해 주시니, 그 고마움을 뼈저리게 느끼고 있습니다. 그렇지만 나는 유황숙(유비)의 인의仁義를 깊이 입고 있으며, 생사를 함께 할 것을 맹세했습니다. 그 맹세를 깨뜨릴 수는 없습니다. 언젠가는 떠나지 않으면 안 되지만, 그 전에 승상을 위해 공을 세워 호의에 보답하지 않으면 안 되리라는 생각을 하고 있습니다."

관우의 말에 장요는 매우 고민했다. 그대로 전하면 조조는 관우를 죽일 것이 틀림없었다. 그렇지만 전하지 않으면 신하의 도리에 벗어나는 것이었다. 망설인 끝에 장요는 있는 그대로를 전해야겠다는 결심으로 조조 앞에 나아갔다. 하지만 장요의 이야기를 들은 조조는 감동하면서 이렇게 말했다.

"과연 관우로다! 그렇게까지 신하의 도리를 관철하다니 참으로 우러러볼 만한 인물이다. 그래 그대는 관우가 언제쯤 떠날 것으로 생각하는가?"

"관우는 우리 주군의 은의에 보답하기 위해 반드시 공을 세운 다음에 여기를 떠날 것이 틀림없습니다."

이 일화는 관우가 유연을 구원하러 떠나기 전의 이야기다. 그러므로 조조는 관우가 안량의 목을 베었을 때, 떠날 때가 왔다는 것을 알고 특별히 상을 주었던 것이다. 그것은 관우에 대한 이별의 선물이었던 셈이다. 관우는 보내온 물건들에 봉인을 한 다음, 조조에게 하직하는 편지를 써놓고 유비에게로 돌아갔다. 관우가 달아난 것을 안 조조의 부하 무장들이 술렁이는 것은 당연했다. 그런 그들을 보고 조조는 이렇게 일렀다

"뒤를 쫓지 말라. 이도 또한 주군을 섬기는 모습이니라."

이 일화는 관우의 '의인' 이미지를 강하게 만들어주지만 이는 후세에서 흔히 볼 수 있는 '충의'와는 성격이 다르다. 다시 말해서 도덕적인 면이 그다지 강하지는 않다는 것이다. 오히려 깔끔하고 시원스런 느낌이 든다. 조조한테서 받은 후한 대접의 '빚'을 갚고, 그런 연후에 유비에게로 돌아간다. 일종의 한계와 구분이 명확한 것이며, 조조로서도 그런 관우의 모습을 높이 평가했던 것이다.

자존심도 강하고 인간미도 있고

후년에 관우는 오나라의 손권에게 잡힌 몸이 되었다. 그때 손권은 관우를 살려 두었다가 유비와 조조를 상대로 하는 전력으로 삼으려 했다. 그러나 측근에서 다음과 같이 주장해서 마침내 처형하고 말았다고 한다.

"늑대는 길러서 길들일 수가 없습니다. 나중에 반드시 해를 끼칩니다. 조조는 포로가 된 관우를 죽이지 않았기 때문에 그만큼 심한 타격을 받고 있지 않습니까. 심지어 한때는 허도許都까지도 옮기려고 생각했을 정도입니다. 살려둔다는 것은 당치도 않습니다."

처형 후 그 목은 조조에게로 보냈고, 시신은 제후의 예에 준해서 매장했다. 손권에게서 관우의 목이 도착한 지 며칠 후에 조조는 예순여섯 살의 나이로 죽었다.

"천하가 아직 안정되지 못했으니 옛 식을 따를 필요는 없다. 장례식이 끝나면 복상服喪을 그만두도록 하라. 주둔지의 장병은 그 자리를 떠나서는 안 된다. 각기 자기의 직무에 종사하라. 내 시신은 평복을 입히면 되며, 금은 진보(진귀한 보배)의 부장품을 넣어서는 안 된다."

이것은 조조의 유언이다. 난세를 살아가는 장수의 마음가짐 일면을 엿볼 수 있는 부분이다.

삼국지에서 보면 관우는 난폭한 장비와 다르게 문무를 겸비한 무장으로 묘사되고 있다. 그렇지만 실제로는 '의의 인간'이기는 했으나 자존심이 강하고 남을 깔보는 면이 있었다. 또 그러한 결점을 모조리 간파한 적군이 선수를 쳐서 그를 궁지에 몰아넣곤 했다. 자존심이 강했던 관우지만, 한편으로는 도저히 미워할 수 없는 면도 있다.

유비가 촉나라를 평정했을 때, 마초라는 인물이 투항했다. 형주荊州를 맡고 있던 관우는 이 말을 듣자, 제갈공명 앞으로 편지를 써서 마초가 어떤 인물이지 예를 들어서 설명해 주기 바란다고 부탁했다. 관우라는 사람이 매우 자존심이 강하다는 것을 알고 있던 제갈공명은 이런 답신을 보냈다.

"마초는 문무를 겸비하고 용기에 뛰어난 영웅호걸이며, 경포나 팽월(모두 초나라와 한나라의 싸움 때의 영웅)과 같은 인물로서 장비와는 좋은 경쟁상대가 될 것입니다. 다만 운장(관우)께서는 역시 별격別格(특별한 격식)인 만큼 도저히 미칠 바가 못 됩니다."

제갈공명의 편지를 받은 관우는 매우 만족한 모습으로, 이 편지를 귀한 손님에게 보이면서 자랑까지 했다고 한다. 단순하다면 단순한 인물이라고 할 수도 있겠으나, 그야말로 인간적인 냄새를 풍기는 점도 있었던 무장이다. 반대로 그러기에 의를 존중하는 행동을 함으로써 품위가 유지되었는지도 모른다. 엉뚱한 '가면'을 쓰는 인물이었다면 그야말로 아니꼽고 역겨웠을 것이지만, 이런 관우의 소박함이 있었기에 후년에 신격화되었다고도 할 수 있다.

　순조로운 환경이든 힘든 환경이든 간에, 관우라는 인물은 일종의 한계와 구분을 끝까지 관철했다. 현시대가 삼국지의 시대와는 달라 매우 복잡하게 보이지만, 인간행동의 기본은 조금도 달라지지 않고 있다. 관우의 생활태도에서 배워야 할 점이 적지 않을 것이다.

09
구사九思없는
비극의 장수, 장비

인간의 수양, 아홉 가지의 마음가짐

공자의 말에 다음과 같은 것이 있다.

"군자에는 구사九思가 있다. 시視에는 명明을 생각하고, 청聽에는 총聰을 생각하고, 색色에는 온溫을 생각하고, 모貌에는 공恭을 생각하고, 언言에는 충忠을 생각하고, 사事에는 경敬을 생각하고, 의疑에는 문問을 생각하고, 분憤에는 난難을 생각하고, 득得을 보고는 의義를 생각한다."

이것은 교양인이 처세하는 데 있어서 생각하고 유의해야 할 아홉 가지 조건을 말하고 있다. 즉 다음 아홉 가지 점에 유의해서 생활해야 한다는 것이다.

첫째, 무엇을 볼 때는 잘못 보지 않도록 생각할 것.

둘째, 무엇을 들을 때는 정확하게 알아들어야겠다고 생각할 것.

셋째, 항상 온화한 얼굴을 가져야겠다고 생각할 것.

넷째, 용모는 항상 조심성이 있고 품위가 있어야겠다고 생각할 것.

다섯째, 말은 항상 성의 있게 해야겠다고 생각할 것.

여섯째, 일을 실행할 때는 항상 신중히 할 것을 염원할 것.

일곱째, 의문에 부딪쳤을 때는 학식과 견문이 뛰어난 사람에게 물어야겠다고 생각할 것.

여덟째, 화가 났을 때는, 그로 인해 발생할 결과의 후환을 생각할 것.

아홉째, 이익이 있는 일에 직면했을 때는 그것이 도리에 맞는지를 생각할 것.

이 아홉 가지 유의사항은 조직행동에서도 적용되는 것이라고 할 수 있다. 특히 리더라는 말을 듣는 사람에게 있어서는 깊이 명심해야 할 부분이다. 눈앞의 이익에 매달려 있을 때는 자칫하면 이런 점을 유의하지 않게 되는 일이 적지 않다. 그러기 때문에 나중에 생각하면, 도저히 믿어지지 않는 실수를 저질러 버리는 수도 가끔 있다. 사업에 성공하느냐 못하느냐 하는 근본에는, 사실 이러한 '인간으로서의 수업'이 크게 관계되고 있다는 것을 명심할 필요가 있다.

어느 정도의 성공을 거두어 세상에 알려지게 되면, 사람이란 거드름을 피우고 싶어지게 마련이다. 반면 어떤 일이 있으면 좌선坐禪(고요히 앉아서 참선)을 하곤 하는 사람도 있다. 하지만 자연스럽지 못하고 억지로 하는 좌선이라면 위에서 말한 아홉 가지 유의사항만 평소 잘 지키려 노력한다면 그것이 훨씬 유익하다 할 것이다.

선禪의 참뜻은 '무無'가 되는 것이라고 한다. 위에서 말한 유의사항도 깊이 파고들어 가면 그 '무로 통한다는 것을 깨닫게 될 것이다. 겉모양만을 아무리 다듬더라도 마음속에 잡념이 있으면, 그것은 단순한 겉치레에 지나지 않는다.

사람의 마음이란 정직한 것이다. 보다 선한 마음을 가진 사람을 믿게 된다. 소위 인망人望(세상 사람이 우러르고 따르는 덕망)이 있는 사람이라는 것은 그 마음이 선한 사람이라고 해도 된다. 교만하고 우쭐거리는 사람, 부정한 마음을 품고 있는 사람, 남의 아픈 마음을 모르는 사람, 그런 사람에게 마음을 주는 사람은 없다.

기업조직에 있어서 윗사람일수록 인망이 필요한 것은, 기업이 인간의 집단으로 성립되어 있기 때문이다. 아무리 뛰어난 능력을 가진 사람이라도 부하에게 인망이 없는 사람은 오래가지 못한다. 머지않아 내부로부터 붕괴현상이 일어나고 마는 것이다. 1800년 전인 삼국지의 세계에 있어서도 그런 예는 얼마든지 찾아볼 수 있다. 또한 그러한 사례는 오늘날에도 여전히 변함없이 남아 있다고 볼 수 있을 것이다.

인간에게는 진보가 없는 것일까, 혹은 인간이란 그 정도의 생물에 지나지 않는 것일까 하는 점을 다시 한 번 돌이켜 보는 것도 흥미 있는 사색이 될 것이다.

일만 명의 병사에 필적하는 용사

삼국지에 장비는 탁군涿郡의 사람으로, 자는 익덕益德이다. 장비는 젊었을 때부터 유비를 섬겼으며, 연장인 관우를 형으로 모셨다. 이들 유비·관우·장비 세 사람은 유비가 거병했을 때부터 동지로 매우 친밀했다. 관우와 장비는 유비가 고향 동지들을 규합해서 군사를 일으켰을 때부터 항상 그의 손발이 되어, 말 그대로 몸을 던지면서 물심양면 도움을 주었다. 유비는 그들 두 사람을 '고굉股肱(임금이 믿고 의지할 수 있는 신하)의 신하'로 여기며, 그야말로 형제와 마찬가지로 여겼다. 관우와 장비 또한 유비의 은혜에 보답하여 목숨을 걸고 유비를 지켰던 것이다.

"선주先主가 평원平原의 상相이 되자, 관우와 장비를 별부사마別附使馬로 삼고 나누어서 부곡部曲을 통솔케 했다."

삼국지에 나오는 것으로, 다시 말해서 유비가 평원군의 집정관으로 임용되자, 두 사람을 별동대장으로 삼고 각기 한 부대를 거느리게 했다는 것이다. 그들은 두 사람 다 중용되기에 알맞은 역량을 가지고 있었다.

삼국지의 편자인 진수는 관우와 장비 두 사람은 모두 병사 일만 명에 필적한다고 했다. '병사 일만 명에 필적한다'고 말한 사람은 바로 유비 주종主從의 가장 큰 라이벌이었던 위나라의 모신謀臣, 정욱과 곽가이다.

장비의 용맹을 전하는 가장 유명한 일화는 '장판長板의 싸움'이라고 할 수 있다. 그때 유비는 위나라 조조군에 쫓겨서 처자도 버린 채 도망쳤다. 그를 따르는 사람은 제갈공명과 장비·조운 등 불과 수십 명에 지나지 않는 비참한 패주였다. 유비는 겨우 이십기(말 탄 군사)를 장비에게 주어 후위를 맡게 했다. 패주할 때의 후위군은 말하자면 '버리는 장기 돌' 같은 것이라 할 수 있다. 싸우면서 후퇴해야 하기 때문에 살아남을 확률이 매우 낮기 때문이다.

장판에서 조조군 오천의 추격부대가 후위를 맡은 장비를 쫓아왔다. 그때 장비는 한 가지 계책을 생각해냈다. 부하들을 다리 곁 숲 속에 남겨두고, 부하들의 말꼬리에 나뭇가지를 묶어서 뛰어 돌아다니게 한 후 자기 혼자 다리 한가운데로 불쑥 나섰다.

장비의 뒤편 숲 속에서는 모래 먼지가 자욱하게 날아올라, 마치 대군이 숨어 있는 것처럼 보이게 했다. 그것을 본 조조 휘하의 내놓으라 하는 부장들은 계략에 뛰어난 제갈공명의 술책이 아닌가 의심하여, 다리 한복판에 혼자 우뚝 서 있는 장비를 보고서도 공격조차 할 수 없었다.

그때 적군의 비단 일산日傘(햇빛을 가리기 위한 큰 양산)을 발견한 장비는, 조조가 직접 왔음을 알고는 큰 소리로 외쳤다.

"나로 말할 것 같으면 연나라 사람인 장비로다. 목숨이 아깝지 않은 자는 덤벼라!"

장비의 기세에 눌려 조조군은 꼼짝도 할 수 없었다. 조조도 겁을 먹고 벌벌 떨면서, 표적이 된 일산을 황급히 접어버리고 말았다.

"장비가 여기 있다! 누구라도 나오너라!"

다시 장비가 큰 소리를 지르자, 조조군 사이에 동요의 빛이 나타났다. 그것을 알아차린 장비는 대갈일성大喝一聲했다.

"싸울 텐가 말 텐가, 분명히 하라!"

그 순간, 조조 곁에 있던 하후걸이 공포에 질린 나머지 정신을 잃고 말에서 떨어지고 말았다. 그것을 계기로 조조는 황급히 말머리를 돌려 달아나기 시작했으며, 군사들도 앞다투어 도망치기 시작했다. 설사 말이 숲 속을 달리면서 자욱하게 먼지를 일으키고, 그것이 마치 수많은 복병으로 보였다 손 치더라도, 장비의 기합이 얼마나 대단했으면 조조군이 그리 황망히 도망을 쳤는지 충분히 상상케 하는 일화이다.

장비의 이 기합은 단순한 용맹에서만 나온 것은 아닐 것이다. 서로의 병력 차이를 보면 알 수 있듯이 전투에 임했다면 거의 죽음을 면할 수 없는 판이었다. 아마도 장판 땅은 장비에게 있어서 죽음의 장소가 되었을 것이다. 장비는 그 후 적벽의 싸움(서기 308년)을 거친 뒤 남부태수가 되고, 다시 촉나라로 들어가서 거기장군, 서향후가 되었다.

용맹은 뛰어나도 사려思慮가 부족

관우와 장비 두 사람은 무예와 용맹에서는 눈부신 데가 있었으나, 깊어야 할 사려思慮(여러가지 일에 깊이 생각함)가 좀 부족한 면이 있었다.

『삼국지』에는 '관우는 지나치게 강용剛勇하며 남을 깔보기를 예사로 하며, 장비는 지나치게 난폭해서 은혜를 베풀지 않았다'라고 평한다. 사람은 누구나 장점도 있고 단점도 있지만, 이 두 사람의 경우는 극단적이었다고 할 수 있다. 용맹 즉, 힘에 의지하는 바가 컸던 만큼 생각의 깊이가 부족했을 수 있다.

그 예로 유비가 '삼고초려' 끝에 제갈공명을 만나 천하삼분의 계책을 논한 후부터 두 사람의 관계가 날로 밀접한 사이가 되어 갔을 때였다. 유비와 고난을 함께 해온 관우와 장비는 그것이 불만이서 노골적으로 내색했다. 그러자 유비는 그들에게 다음과 같이 말했다.

"나에게 공명이 있음은 물고기에게 물이 있는 것과 같다. 바라건대 그대들은 다시 이 일로 말하지 말라."

제갈공명과 자신의 관계는 물과 물고기 같은 것으로 물이 없으면 물고기가 살 수 없다고 타이르자, 그들은 두 번 다시 그런 말을 입 밖에 내지 않았다고 한다. 이러한 유비의 말을 두 사람이 고분고분하게 들었는지 어떤지는 알 수 없다. 마음속으로 '어디 공명이 얼마나 실력이 있는지 두고 보자'라고 생각했을지도 모른다. 그 후 공명의 탁월한 작전을 지켜보며 진심으로 믿고 복종하게 된 것이 아닌가 생각된다.

이때의 고사에서 '군신수어君臣水魚'라는 말이 생겼다. 군신의 사이가 매우 밀접한 것을 나타내는 말이다. '수어지교水魚之交'라고 쓰이기도 한다.

관우와 장비 두 사람은 용맹스러운 점은 비슷하지만, 사람을 다루는 방법에 있어서는 정반대다. 관우는 아랫사람은 잘 보살펴주지만, 신분이 높은 사람에게는 오만한 태도를 보였다. 반대로 장비는 신분이 높은 사람에게는 경의를 표하고 아랫사람에게는 인정사정없이 대했다. 이것이 바로 구사九思가 없는 장비의 비극이라고 해도 좋을 것이다.

자신의 채찍이 칼이 되어서 돌아오다

유비는 장비의 부하에 대한 매몰찬 행동을 걱정해 종종 장비를 훈계하곤 했다.

"장비여, 그대의 휘하에는 사형이 좀 지나치게 많다. 더구나 매일 채찍으로 병사를 치면서도, 그런 그들을 신변에 두고 있다. 병사들을 이렇게 다루면 언젠가는 화가 네게 미칠 것이다."

이런 유비의 충고에도 장비는 자신의 태도를 도무지 고치려 들지 않았다.

유비가 손권의 오나라를 토벌하려 했을 때의 일이다. 장비는 일만 명의 군사를 이끌고 낭중郎中을 떠나, 강주江州에 있는 유비의 부대와 합류할 예정으로 되어 있었다.

그때 장비군의 사령관으로부터 유비에게 상주上奏(임금에게 말씀을 올림)

를 위한 사자使者가 온다는 기별이 왔다. 그 말을 듣자마자 유비는 '어이쿠, 장비가 죽었구나' 하고 중얼거렸다고 한다. 유비의 짐작대로 출진 직전 잠자리에 든 장비는 부하인 부장 장달과 범강 두 사람에 의해 살해되었던 것이다. 이후 그들은 장비의 목을 선물로 들고 손권에게로 도망쳤다고 한다.

장비의 최후 모습이나 그의 이전의 생활태도를 보면, 인망人望(세상사람이 우러르고 따르는 덕망)이라는 것의 본질이 어떤 것인가를 이해할 수 있다.

관우가 후일 신으로 모셔진 것과 비교해 보면 더한층 분명해진다. 장비의 횡사는 영웅으로서는 당치도 않을 일이었다. 어떤 면에서는 인과응보였다고 할 수 있을 것이다.

우리가 살아가는 이 인간사회도 역시 자연계의 일부를 형성하고 있는 이상, 사람은 자연이 가지고 있는 법칙에서 벗어날 수 없는 모양이다.

1800년 전에 살았던 장비라는 인물의 모습은 오늘날 우리 사회에서도 쉽사리 볼 수 있다. 특히 조직이나 집단에서는 이러한 인간행동의 본질에 관계되는 일을 안일하게 기교로써 처리하려고 하는 경우가 적지 않다. 공자가 설명한 '구사'를 빼놓고, 모양만으로 인간행동의 질을 높이고자 하는 것은 애당초 무리라고 할 수밖에 없을 것이다.

강력한 리더십을 몸에 익히려 하거나, 인망을 얻으려고 하는 생각들은 기업 운영에 있어서는 중요한 일이기는 하지만, 그 본질을 더듬어 가면 뜻밖에 신변의 문제, 즉 자기 자신의 생활방식 그 자체에 요지가 숨겨져 있다는 것을 깨닫게 되지 않을까 싶다.

10
능신能臣을 쓰지 못한 암군暗君, 원소

두 갈래로 갈라진 의견

"밝은 대낮에는 이리의 수놈처럼 조심스러워라! 어두운 밤에는 검은 까마귀처럼 참을성이 있어라!"

중세 아시아의 패자이며, 중국 원나라의 시조인 칭기즈칸이 강조한 말이다.

사려思慮가 깊어야 함은 어느 시대에나 리더에게 요구되는 요체이다. 그와 동시에 그것은 여러 가지 사태나 상황에 있어서 결단을 내릴 때 빠뜨릴 수 없는 기본적 요소이다. 즉 결단에 이르기까지의 판단과 숙려도 또한 중요한 요점이 되고 있다.

사려가 깊어야 한다는 것은 반드시 시간적인 길이를 의미하는 것은 아니다. 순간적으로 복잡한 상황 판단을 해야 하는 경우도 적지 않다. 정확한 판단을 할 수 있느냐 없느냐의 문제이다.

그런 의미에서 사려의 깊이는 우선 판단력의 유무와 연동되고 있다. 아무리 토론을 많이 하고 머리를 짜내더라도, 최종적으로 내린 판단이 잘못되어 있다면 무슨 소용이겠는가. 또 정확한 판단을 했다 하더라도, 그것을 실행할 시간이 잘못되면 무책無策(방법이나 꾀가 없음)의 방책을 채택한 것과 다름이 없다.

깊은 사려는 판단, 결단, 단행의 '삼단력三斷力'의 바탕에 있는 것이라고 할 수 있다. 조조와 원소 사이에 펼쳐진 '관도官渡의 싸움'에서도, 이 삼단력의 교졸巧拙(교묘함과 졸렬함), 사려의 유무가 승패를 판가름하는 결정적인 요인이 되었다.

당시 조조는 연주兗州와 예주豫州의 두 주를 기반으로 하여, 천자를 옹립하여 제후에게 호령할 정도까지 되어 있었다. 그렇지만 기주冀州, 유주幽州, 병주并州, 청주青州의 북방 4주에 일대 세력을 가진 원소가 조조의 앞을 가로막는 존재로서 군림하고 있었다.

조조가 지배하는 황하 남쪽 일대는 전란으로 말미암아 피폐되어 버린 데 비해, 원소의 황하 북방지대는 병화兵火를 입는 일도 적었으며, 기주 한 주에서만도 정병 이십만을 모집할 수 있을 정도였다. 더구나 원소는 실력과 격格의 양면에서 조조를 크게 능가하고 있었다.

원소는 조조가 웅거하고 있는 허도許都를 공략할 결심을 하고, 수십만의 병력 속에서 정예 십만과 군마 일만을 골라 단숨에 조조를 때려눕히려 했다. 원소 휘하에는 심배, 봉기, 전풍, 허유, 안량 등 쟁쟁한 두뇌들이 모여 있었다. 그런데 조조 공격에 대해서 부장들의 의견이 두 갈래로 갈라졌다. 저수와 전풍은 다음과 같이 간했다.

"거듭되는 출병으로 백성들은 완전히 피폐해졌습니다. 그러므로 우선 사자를 허도로 보내서 천자에게 전리품을 헌상하고, 식량 증산에 힘써서 백성들의 부담을 경감토록 하는 두 가지를 아뢰어야 합니다. 조정과의 접촉이 실패했을 때는 그것이 조조의 방해에 의한 것이라는 것을 천하에 공표합니다. 그런 다음 정병을 보내어 차근차근 공격하면 3년도 지나지 않아 천하를 평정할 수 있습니다."

그러나 심배와 곽도의 의견은 그 반대였다.

"우리 주군의 비할 데 없는 용맹과 우리 북방의 강대한 병력이 있으니 조조 따위는 누워서 떡먹기입니다. 지금이라도 당장 행동으로 옮기지 않으면 두 번 다시 기회는 오지 않을 것입니다."

그리고는 『손자』의 다음과 같은 구절을 본보기로 내세우면서 진언했다.

"열 배의 병력이 있을 때는 적을 포위하고, 다섯 배라면 마구 공격하고, 호각互角(서로 우열을 가릴 수 없을 정도로 역량이 비슷한 것)일 때는 전력을 다해서 싸운다."

이에 대해 저수는, 조조가 천자를 허도로 맞아서 대의명분을 손에 쥐고 있기 때문에 군사를 일으키는 것은 의병義兵이 되지 않으며, 명분 없는 싸움은 원소에게 유익하지 않다는 것을 역설하면서 반론했다.

강자를 따르는 논리

군사전략 회의에서의 신중론은 어떤 경우에도 기세가 오르지 않으며, 화려한 주전론主戰論(전쟁하기를 주장하는 의견)에 비해 언제나 약해 보이는 법이다. 이때에도 곽도 등의 주전파는 강력하게 반론했다.

"조조를 치는데 대의명분이 없다니 무슨 말인가? 우리 장병들은 모두 분노에 불타 설레는 가슴을 달래고 있다. 이 절호의 기회를 앞에 두고 망설이다니, 이 무슨 분별없는 짓인가. '하늘이 내리는 것을 받지 않는다면 오히려 죄를 받는다'고 한다. 저수의 계략은 소극책이며, 정세의 변화에 적응하지 않는 것이다."

지금 공격을 하지 않으면 언젠가는 자기 쪽이 당한다는 것이었다. 신중론과 주전론자의 여러 의견을 듣고 있던 원소는, 결국 곽도 등 주전파의 의견에 손을 들어주어 남쪽지방 정벌의 결단을 내렸다. 그리고 각지의 호걸과 영웅들에게 조조 토벌의 격문을 보내 참가하기를 촉구했다. 격문을 통해 원소는 조조의 '과욕, 잔인무도함'을 강조하고, 자기편의 우위성을 내세우면서 다음과 같이 강조했다.

"오늘 한나라 왕조의 쇠퇴는 극에 달하고 기강은 완전히 해이되어 있다. 조조는 정병 칠백 명으로 궁전을 둘러싸고 외부의 적으로부터 호위하고 있는 것처럼 가장하고 있지만, 실제로는 천자를 감금하고 있는 것이다. 찬탈篡奪의 화禍는 언제 일어날지 아무도 모른다. 충신이라면 지금이야말로 한 몸을 내던질 때이며, 열사는 지금이야말로 공명을 세울 기회이다. 어찌 분투하지 않을 수 있을쏘냐."

그런데 압도적인 우위를 과시하는 원소의 휘하로 호걸, 영웅들이 너도나도 몰려들 것 같았지만 그렇지가 않았다. 그들은 그들 나름대로의 논리로 대응했다. 이에 원소는 형주荊州의 장수에게 사자를 보내 참가를 촉구했다. 또한 장수가 손님 대우를 하고 있는 가후에게도 친서를 보내어 조언을 요청했다. 장수는 원소의 청을 응낙할 작정이었는데 뜻밖에 함께 있던 가후가 사자를 향해 이렇게 말하는 것이었다.

"돌아가서 원소에게 이렇게 거절해 주기 바라오. 형제조차도 받아들이지 않는 사람이 어떻게 천하의 우국지사를 받아들일 수 있겠느냐고 말이오!"

장수가 가로막으려고 했지만 이미 때는 늦어버렸다. 가후는 원소가 종형제인 원술과 사이가 나쁜 것을 지적하고 나선 것이었다. 난처해진 장수는 '그럼 이렇게 된 이상 누구와 손을 잡는 것이 옳겠는가?'라고 물으니 이에 대해 가후는 이렇게 말했다.

"조공曹公(조조)을 따를 뿐입니다."

그렇지만 조조는 아직 힘이 약하고 또 원수 같은 사이였다. 장수의 그런 걱정에 대해 가후는 이렇게 진언했다.

"바로 그 점이 조공을 따라야 하는 이유입니다. 첫째, 조공은 천자를 받들고 천하를 호령하고 있습니다. 둘째, 원소는 강성을 자랑하고 있기 때문에, 우리 쪽의 얼마 안 되는 군사를 이끌고 그를 따른다고 해도 중용重用되지 않습니다. 그렇지만 조공은 병력이 열세에 놓여 있기 때문에, 우리를 크게 환영할 것입니다. 셋째, 조공에게는 패왕의 뜻이 있으며, 그런 점에서 과거의 사사로운 원한 따위는 곧 잊어버리고 덕을 천하에 나타내고자 할 것입니다. 걱정하실 필요가 없습니다."

장수가 조조의 부하가 되었을 때, 그야말로 가후가 말한 대로 조조는 매우 반갑게 그들을 맞아 중용했다. 한편, 원소의 측근인 전풍은 다시 지구전을 취하도록 간언諫言했으나, 원소는 귀를 기울이지 않았을 뿐 아니라 화를 내며 마침내는 전풍을 옥에 가두어 버리고 말았다.

조조의 필사의 작전

십여 만의 원소군이 진군을 개시한 것은 서기 200년 2월의 일이었다.

한편, 조조는 허도 북쪽의 요충지인 관도官渡에 진을 치고 요격 태세를 취하고 있었다. 전초전은 백마에서의 싸움이었다. 이때 원소는 저수의 진언을 무시하고, 안량으로 하여금 백마를 지키는 유연군을 공격하게 했다. 그러나 조조의 양동작전陽動作戰(적의 경계를 분산시키기 위하여, 실제 전투는 하지 아니하지만 병력이나 장비를 기동함으로써 마치 공격할 것처럼 보여 적을 속이는 작전)에 속은 원소의 군사는 두 갈래로 나눠져야 했고, 결국 안량의 군은 패퇴하고 말았다. 관우가 대활약을 해서 안량의 목을 벤 것이 바로 이 싸움에서였다.

그 무렵, 원소는 황하를 건너 단숨에 관도를 공략하려 하고 있었다. 이 황하 도하작전 때도 저수가 간언했지만, 원소는 듣지 않고 군사를 진격시켰다. 그리고 안량이 전사했다는 것을 안 원소는 관도 공략을 일시 중단하고, 조조군을 찾아 대군을 남쪽으로 진격시켰다.

한편, 원소군의 추격을 받은 조조는 군사를 정리하여 부근의 언덕에 진을 치고, 파수병을 세워서 적의 동정을 살피게 했다.

"기병이 오백에서 육백기로 그 수는 더욱 증가하고 있으며, 보병의 수는 이루 헤아릴 수가 없습니다."

파수병의 전달을 받자 조조는 아군의 기병을 향해 안장을 떼어 내고 말을 풀어 놓도록 명령했다. 그리고 백마에서 운반해 온 치중輜重(무기, 식량, 피목 등 여러 가지 물품을 이르는 말)을 모두 길거리에 버리게 했다.

"적군의 기병이 너무 많다. 백마로 되돌아가서 주둔하는 편이 좋겠습니다."

"물러나다니 당치도 않는 일이다!"

전략회의에서 여러 부장이 입을 모아 말하자 순유가 큰소리로 꾸짖었다. 조조는 적을 유인한 다음에 일제히 공격을 하겠다는 작전을 세웠다.

이윽고 원소군의 부장인 문추가 오천 기를 이끌고 다가오는 것이었다. 조조는 날뛰는 여러 부장을 달래며 꼼짝하지 않고 기다렸다. 그러는 동안에도 적의 기병의 수는 자꾸만 늘어났다. 개중에는 길거리에 버려진 치중을 탐내는 자들의 모습이 나타나기 시작했다.

"됐다. 지금이다!"

조조의 호령이 떨어지자, 전원이 말에 뛰어 올라 그들을 덮쳤다. 공격하는 조조의 기병은 불과 육백기도 채 못 되었다. 그러나 불시에 허를 찔린 원소군은 조조의 기병에게 여지없이 당하고 문추마저 전사하고 말았다.

안량과 문추 같은 유명한 부장이 눈 깜짝할 사이에 전사하고 말았던 것이다. 그로 인해 원소군은 완전히 위축되고 말았다. 원소도 하는 수 없이 군사를 되돌려 관도의 서북쪽 양무陽武에 진을 치기로 했다.

주군인 유비와 대적해서 싸우고 있던 관우가 유비에게로 도망친 것이 이때의 일이다.

여러 작전에서 승리를 하기도 했지만 원소의 대군 앞에서 열세를 면치 못했던 조조는, 그 후 진영 깊숙이 틀어박힌 채 집요하게 저항을 계속했다. 원소의 군사들이 높은 망루에 올라 빗발처럼 화살을 내리 퍼부으면 조조군에서는 발석차를 사용해서 적의 망루를 파괴했고, 지하도를 파서 조조 본영을 덮치려는 원소군의 작전에 조조는 도량을 파서 그 기도를 깨뜨리기도 했다.

원소의 군사는 대군이었으므로 방대한 식량이 필요했다. 하지만 보급로는 멀었다. 결국 그것이 약점이 되어 있었는데, 조조는 적의 식량 수송의 정보를 포착하여 수송대를 급습, 적을 물리치고 그 보급물자를 불태워 버렸다. 하지만 공방攻防(공격과 방어)을 벌인 지 몇 달이 지나자, 조조군의 병사들에게도 피로의 빛이 짙어졌다.

간언諫言에 전혀 귀를 기울이지 않은 원소

조조는 장병들을 질타격려叱咤激勵하면서 승기勝機가 찾아오기를 기다렸다.

"앞으로 보름 안에 성패가 달렸다!"

조조가 그렇게 판단한 것은 개전한 지 반 년이 지났을 때였다. 단숨에 공격을 받는다면 열세에 놓인 조조군은 꼼짝없이 당할 수밖에 없는 한계점에 다다랐을 때였다. 그 절망적인 상황일 때 조조에게 승리의 여신이 미소를 보내왔다. 여러 차례의 헌책을 묵살당한 원소군의 참모 허유가 원소를 포기하고 조조에게 투항한 것이었다.

허유가 털어놓은 정보는 천금의 가치가 있었다. 그때 조조군의 식량은 기껏해야 한 달 치 밖에 남아있지 않았다. 일각의 시간도 지체할 수 없는 상황에 놓여 있었다. 그에 대해 원소 측은 일만 대나 되는 치중차를 후방인 고시故市와 오소烏巢에 집결시켜 놓고 있었다. 더구나 이쪽은 적의 습격에 대한 대비도 소홀했다.

"그러므로 경장輕裝한 기동부대로 습격케 하여 허를 찔러 그 양식을 태워 버리면, 원소군은 사흘도 못 가 자멸하고 말 것입니다."

이 허유의 정보를 듣고 조조는 크게 기뻐서, 측근들이 말리는데도 불구하고, 자기 자신이 직접 군사를 이끌고 출격한다는 결단을 내렸다.

오소가 기습당했다는 것을 안 원소는 즉각 기병부대를 파견했으나, 조조군은 그야말로 배수진을 친 만큼 결사적으로 싸워 적군을 격파했다.

한편으로는 조조가 없는 틈을 노려서 원소군은 본영을 공격했으나, 이역시 무참한 결과로 끝났으며, 원소의 부장들은 잇달아 조조 측에 투항하여 원소군은 완전히 무너지고 말았다. 결국 원소는 군사를 팽개친 채황하 저쪽으로 도망쳐야 했다.

이 승리로 조조군은 큰 성과를 거두었으며 많은 적군을 포로로 만들수 있었다. 이후 거짓 투항으로 간주된 자는 모두 생매장을 했다. 살해된 자의 수가 팔만 명이나 되었다고 한다. 아무도 예상하지 못한 대승리였다.

'지약으로써 지강에 맞서다' 조조가 원소를 격파한 관도의 싸움은 그야말로 이 말이 꼭 들어맞는 싸움이었다. 하지만 이 싸움의 배경에는 다음과 같은 점이 있었다는 것을 크게 주목해야 한다.

관도의 싸움이 있기 전에 전풍이 이 원정에 참가하지 않았다는 것을안 조조는 '이것으로 원소의 패배는 이미 결정되었다'라며 웃었다. 또 원소가 패주했을 때는 이렇게 말했다.

"만약 원소가 전풍의 진언을 받아들였더라면 승패의 행방은 알 수 없었을 것이다."

원소는 전풍뿐만 아니라 저수의 헌책마저도 받아들이기는커녕 한 번의 생각도 하지 않고 스스로 패전의 길로 치닫고 말았던 것이다. 원소의 태도는 바로 '남의 말을 듣지 않겠다'는 것이었다.

전풍은 원소가 어릴 적부터 키워 온 신하였다. 의를 기준으로 하여 살았던 당시에 있어서, 그 전풍의 간언諫言(웃어른이나 임금에게 하는 충고)에 전혀 귀를 기울이지 않았던 원소의 모습은 그야말로 암군暗君(사리가 어둡고 어리석은 임금)이라고 할 수밖에 없다.

암군을 섬기는 충성스럽고 선량한 신하가 불행한 상황에 처하는 것은 서기 200년의 시대나 현시대나 다름이 없을 것이다. 군주가 신하의 재능을 찾아내고, 또한 유능하고 충량한 신하를 중용하면 성공의 영관榮冠은 반드시 수중에 넣을 수 있다. 판단과 깊은 사려, 삼단력三斷力의 배경에는 칭기즈칸의 말이 뜻하는 것이 있다는 것을 새삼스레 깨닫게 되는 것이다.

PART 2

삼국지,
그 삶의 조건들

질서가 잡힌 시대였더라면 제갈공명이 나설 기회는 없었을지도 모른다.

이와 같이 세상만사에는 표면이 있으면 이면이 있고,

어두운 이면에는 반드시 밝은 광명의 요소도 숨겨져 있는 법이다.

사업의 찬스도 역시 이면의 요소가 표면으로 나타난 데 지나지 않는다.

다시 말해서 표면의 상태나 이면의 상황을 냉정하게 보는 눈이 중요하다는 것이다.

그리고 설사 곤란한 상황이라 하더라도 올바른 판단력, 정확한 결단력, 그리고 확고한 단행력,

다시 말해서 '삼단력'이 있으면 그것을 타개할 수 있다고 확신한다.

01
인재, 적극등용으로
조직 활성화

나라를 평안케 하려면 현賢을 쌓아야

'기업은 사람이다'란 말은 진부한 말이지만, 그 진리는 첨단기술과 뉴미디어가 전성을 이루는 오늘날의 디지털 사회에서도 조금도 퇴색되지 않는다. 오히려 기술혁신이 진보되면 될수록 '사람'의 중요성이 증대되고 있는 느낌이 든다. 첨단기술 흐름 속에서 하이터치(인간적인 접촉) 경향이 강화되고 있는 것이 그 증거라고 할 수 있다.

한마디로 기업조직이라고 해도 그것은 본래 인간집단에 의해 성립되는 것이며, 아무리 기능적·효능적으로 운영되게 되어 있다 하더라도, 그알맹이는 유기적인 결합체이다. 그러기에 생물로서의 인간존재는 자신이 지닌 능력을 충분히 발휘함으로써 비로소 조직행동도 유효한 것이 되는 것이다. 만약 조직의 구성원이 단순한 기계적인 역할밖에 하지 않는다면, 그것은 일정한 실적 이상의 것을 올릴 수가 없다.

일반적으로, 업무는 어떤 정해진 '매뉴얼'에 의거해서 이루어지지만, 활발한 기업조직이라면 항상 그 매뉴얼을 파괴하고 개선하는 방향으로 나아간다. 현상타파의 기개, 그것을 각 구성원이 가지고 있기 때문이다. 어제보다 오늘, 오늘보다 내일이라는 식으로 끊임없이 개선하려고 마음먹는다면 또 구성원마다 그런 기분이 강하면 강할수록 조직이 활성화되는 것은 두말할 것도 없는 것이다.

반대로 위에 서는 사람은 구성원에 대해서 '매뉴얼'을 파괴하는 방향으로 나아가도록 기업 내의 토양 조성을 해야 한다. 그 토양 조성의 가장 중요한 기본은 아첨꾼을 배척하고 유능한 인재를 등용하는 것이라고 할 수 있다.

『후한서後漢書』에 이런 말이 있다.

"나라를 평안하게 하고자 할 때는 현을 쌓는 것이 방법이다."

다시 말해서 국가를 편안하고 태평하게 유지하기 위해서는 뛰어난 인물을 많이 모아서 등용하는 것이 가장 좋은 방법이라는 것이다. 여기서 말하는 국가를 기업이나 가정으로 바꾸어 놓아도, 그 본질은 조금도 달라질 것이 없다. 다만 사람은 때때로 『후한서』의 이 지적을 하나의 이상론이라고 생각하는 경향이 있다.

우선 뛰어난 인물을 많이 모으기가 어렵다는 것을 그 이유의 첫째로 든다. 유능한 사람이 모이지 않는다면 '최선의 방법'이라는 것도 그림 속의 떡과 같지 않느냐는 것이다. 이치로 따진다면 그것은 지당한 말이라고 할 수 있다. 하지만 현실적으로 유능한 인재를 모으고자 노력을 기울였느냐 할 때 그렇지 않은 사례가 대부분일 것이다. 또 외부로부터 인재를 모으기 전에, 내부에 있는 사람이 진실되게 능력을 발휘하고 있는지 어떤지에 대한 검토를 하지 않고 있다. 표면적인 판단만으로 내부에는 인재가 없다는 생각을 하고 있는 조직이 적지 않을 것이다.

이런 점이 인재 등용에 있어서 문제점이 되고 있다는 것을 깨닫는 일이 중요하다. 어떤 경우라도 '남의 떡이 더 커 보인다'라는 선입견에 현혹되기 쉽다. 이 때문에 능력이 있는 인재가 주변에 있는데도 불구하고, 그것을 보지 못하고 깨닫지 못한 채 무용지책無用之策에만 힘을 쏟고 있지는 않은지 살펴볼 일이다.

시대의 요청에 맞는 것을 찾아내라

삼국 중의 하나인 위나라의 기초를 쌓은 조조(무제)는 인물평의 명인으로부터 '치세의 능신, 난세의 간웅'이라는 평을 들었거니와, 그 평가는 사람에 따라 달라졌다. 우리나라에서도 잘 알려져 있는 중국 근대문학의 개척자로 알려져 있는 노신 같은 사람은, '조조는 대단히 재능이 있는 인물이며, 적어도 한 시대의 영웅이었다'고 하면서, 간웅으로 보는 것은 옳지 않다는 평가를 하고 있다.

조조 자신은 '간웅'이라는 평을 받았을 때, 그것을 대수롭지 않게 여겨 무시해 버렸지만 난세에 있어서 '간웅'이나 '영웅'은 종이 한 장의 차이다. 간웅이란 권모술수에 뛰어나서 천하를 배신하는 야심가를 의미하지만, 전국 난세에 있어서 뿐만 아니라, 세상이 혼돈하고 있는 시대에는 이러한 류의 인물들이 활약하는 예가 아주 많다. 또 예사로운 권모술수만으로는 천하를 노릴 수 없으며, 비록 야심가라고 하더라도 대망을 품은 자와 별로 구별이 어렵다는 것도 사실이다. 그렇지만 아무리 마음속에 야심을 숨기고 있다 하더라도, 때와 장소를 얻지 못하면 그 뜻을 이루기는 어렵다.

시대가 혼미한 상황에 있을 때는, 대망을 갖지 않은 사람은 살아남기가 어렵다고도 할 수 있다. 다른 사람의 뒤를 쫓는 데만 급급하다면, 자주적인 행동은 고사하고 자유로운 생각조차 겉으로 표현하지 못하게 될 우려마저 있다.

남보다 한걸음 앞서 가기는 어렵다 치더라도, 반걸음이라도 앞을 내다보고 앞서 갈 수만 있다면, 그러기 위해서는 항상 미래에 대한 비전과 자신의 주체적인 사고와 행동을 가질 필요가 있다. 그것을 가리켜서 경우에 따라 사람들은 '대망'이라고 부르기도 하나, 그 옳고 그름은 난세라는 가치변혁기를 거쳐 보지 않으면 그 결과는 알 수 없는 일이다.

난세에 있어서는 과거의 영광이라든가 문벌, 지위 따위는 관계가 없는 수가 많다. 오히려 그런 것이 반대로 마이너스로 작용하는 일도 적지 않다. 시대상황을 판단함에 있어서는 개인적인 과거의 배경 따위보다, 그 사람 자신이 가지고 있는 행동 철학이나 살아가는 자세가 중요해진다. 예를 들면, 조조와 원소 두 사람은 군중이 할거하는 속에서 뛰쳐나와, 삼국지 전사에서는 최대의 라이벌이 된다. 이들은 군사를 일으킬 때에 이런 이야기를 나누었다.

"만약 이 일이 실패로 끝나면 어느 곳에 거점을 구하는 것이 좋겠습니까?"

이 원소의 질문에 조조는 우선 원소의 생각부터 물었다. 원소는 다음과 같이 그 방책을 개진했다.

"나는 남쪽은 황하, 북쪽은 연燕과 대代의 산악지대를 이용하여 본거지를 굳히겠습니다. 그리고 북방 이민족의 병력을 합쳐서 남쪽으로 진출하여 천하의 패권을 다투겠습니다. 이것으로 대업을 성취한 것이나 마찬가지라 생각합니다."

이에 대해 조조는 자신의 생각을 이렇게 말했다.

"나는 천하의 지력知力에 맡기고, 도道로써 이것을 다루겠습니다. 그러면 불가능한 일은 없을 것입니다."

조조는 지리적 조건에 의지하기보다는 천하의 지력을 결집하고, 이것을 도로써 통솔하겠다는 것이다. 이렇게 하면 만사가 잘 되어 나가지 않을 리가 없다. 힘으로 밀어붙이려는 원소에 비해, 조조는 '지력'과 '도'라는 소프트웨어 쪽을 더 중요시하고 있다.

조조가 말하는 도는 시대의 흐름, 혹은 시대의 요청이라는 것일까. 요컨대 지력을 기울여 시대의 요청에 맞는 것을 찾아내며, 그 힘으로써 전진하겠다는 것이다.

원소는 태어날 때부터 커다란 권세를 몸에 지니고 있었다. 자타가 공인하는 명문의 장자였다. 호걸이나 영웅들도 그를 따를 수밖에 없는 위치였다고 할 수 있겠다.

한편, 조조는 할아버지가 내시이고, 아버지는 양자이며 가문도 분명치가 않다. 상당한 재산을 가지고 있기는 했지만, 그 권세가 반드시 크다고는 할 수 없었다. 명문 중의 명문 출신인 원소와 비교해 볼 때, 조조는 자기 자신의 재능밖에 의지할 것이 없었다고 해도 과언이 아니었다.

인재는 강력한 소프트웨어

조조라는 인물은 말하자면 '난세에 하늘이 점지해 준'것과 같은 존재였다고 할 수 있을 것이다. 군웅할거의 혼전 속에서 부하도 적고, 또 이렇다 할 기반도 가지지 못한 조조는 자기의 생존에 항상 유의하면서 기회가 오기만을 기다리고 있었다. 그것은 마치 풍부한 재능과 기술을 가지고 있으면서도 빛을 보지 못하던 사람이 기업가로서 두각을 나타낼 기회를 엿보고 있는 모습과 비슷하다.

시절이 도래하지 않으면 아무리 재능이 뛰어나도 햇빛을 보지 못하게 되거니와 혼미의 시대에서는 여러 가지로 그 기회가 있는 것이 특징이다.

조조는 거병한 지 2년 반 만에 기회를 잡았다. 황건적 수십만을 항복시키고 연주兗州를 지배할 수 있었다. 이로써 조조는 비로소 각지의 유력한 호걸, 영웅과 대등하게 승부할 수 있는 지위를 얻은 것이다.

조조는 앞에서 원소에게 말한 대로, 널리 '지력'을 결집하고자 힘썼다. 우수한 인재를 적극적으로 모았다. 젊은 나이로 왕자지재王佐之才(임금을 도와 큰일을 할 만한 인재)라는 평을 받았던 순욱을 참모로 맞는 것을 비롯하여 정욱·모개·곽가·순유 등의 숨은 인재를 정중하게 초빙하여 강력한 참모집단을 만들었다. 순욱이나 곽가 등은 처음에는 원소의 참모였던 사람들이다. 그러나 주군의 기량에 실망한 나머지 조조의 막하에 투항했던 것이다. 물론 명문 출신의 원소를 등에 업고 떠받드는 지모 있는 사람도 적지 않았지만, 오히려 동지적 결합집단으로서는 조조 쪽이 보다 매력이 있었던 모양이다.

조조는 유능한 인재라면 '형수와 간통하고, 뇌물을 받는 부류의 인물'이라도 상관없다고 할 만큼 적극적으로 능력 있는 인물을 모으는 데 전력을 다했다. 물론 필요한 인재를 모으는 동시에, 엄격한 신상필벌信賞必罰을 요지부동하게 내세워 재능을 끌어내기도 했다. 또한 오백 호 이상의 마을이 있는 곳에는 학교를 만들어 지역의 뛰어난 인재를 선발해서

교육을 시키는 등 여러 시책도 실시했다.

그 당시는 지방 실력자의 자제가 발탁되는 일이 많았는데 그런 문벌이나 지위에만 의존한다면 정말 뛰어난 재능을 가진 사람은 발굴하지 못할 것이다. 그래서 조조는 재능이 있는 사람만을 추천케 할 것을 근본 방침으로 삼았던 것이다.

오늘날, 하드웨어 면이 중요시됨과 동시에, 그에 못지않게 소프트웨어 면의 충실함이 최대의 과제가 되고 있다. 즉 하드웨어는 단계적인 발전이 숙명이지만, 소프트웨어에는 비약의 가능성이 있다. 종래의 것과는 완전히 발상을 달리 하는 것이 출현할 여지가 있는 것도 소프트웨어의 특징이다.

인재, 즉 능력이 있는 인간은 혼미의 시대일수록 그 요구도가 높아지는 소프트웨어다. 이차원적인 경영 전개밖에 하지 않고 있던 곳에 삼차원적인 발상을 도입한다면 어떻게 될까? 이것은 전혀 승부가 되지 않으며, 세상이 이차원의 상태라면 삼차원적 사고를 가진 사람을 구하는 것은 당연하다.

그러나 현실적으로는 여전히 이차원적인 사고의 발상에만 눈이 돌려지는 일이 적지 않다. 그것은 인재를 등용하려는 쪽의 사람이 과거의 가치관이나 사고방식에서 벗어나지 못하고 미시적인 안목에 사로잡혀 있기 때문일 수 있다. 최근에 와서야 비로소 '백지상태에서 채용을 판단한다'는 기업도 늘어가고 있지만, 아직은 열린 관점에서 능력있는 인재를 모으고 있는 곳은 드물지만 점점 더 늘어날 것이라고 기대한다.

잠재적인 활력을 끌어낸다

조조뿐만 아니라 삼국지에서 활약했던 주요한 인물들은 모두 인재의 등용과 지모 있는 사람의 대우방법에 대해 부심腐心했다. 개인의 역량이 아무리 뛰어나더라도, 역시 큰일을 완수하기 위해서는 여러 방면의 능력을 결집하는 것보다 더 좋은 일은 없을 것이다.

그런 만큼 유능한 장수를 어떻게 해서 자기의 참모로 맞아들일 것인가 하는 것은 대망을 품은 사람들의 중요한 과제였다. 원소처럼 거병함과 동시에 많은 뛰어난 장수들이 속속 모여들어 힘들이지 않고 인재를 확보할 수 있는 경우도 있다. 하지만 이것은 명문이기 때문에 누릴 수 있는 장점이었다. 하지만 그것은 장점인 동시에 순욱이나 곽가의 예에서 볼 수 있듯이, 명문이라는 권위 때문에 약점을 내포하는 것이기도 했다.

누구든지 난세인 만큼 주군이 될 사람의 기량이 크기를 바란다. 명문의 권위에만 기대고 있다가는 머지않아 큰 좌절을 당하게 되리라고 판단하는 사람이 있다고 할지라도 이상할 것은 없는 것이다. 그런 점에서 후세에 커다란 영향을 미친 것은 유비와 제갈공명의 만남이었으며 이상적인 주종관계의 자세였다고 할 수 있다.

오늘날에도 자주 쓰이는 '삼고초려'가 유비와 공명과의 만남에서 나온 말이라는 것은 널리 알려져 있거니와, 유능한 인사를 등용하고 대우하는 방법들을 볼 때 이 한 가지 일만으로도 능히 이해할 수 있다.

사람은 누구나 많든 적든 간에 대망을 품는 법이다. 자기의 능력을 최대한으로 발휘할 수 있는 것을 가장 큰 소망으로 삼고 있는 것이 대부분이다. 오늘날 곧잘 문제가 되는 조직의 '활성화'도 오로지 이 점에 달려 있다고 할 수 있겠다.

"선비는 자기를 알아주는 사람을 위해 죽는다."

이 말이 『사기史記』에 있거니와, 목숨을 건다는 것은 둘째 치고 사람은 의기에 감동하는 면이 있음은 확실하다. 그것은 자기의 값어치를 인정해 주는 사람이 있기 때문에 그에 따른 행동을 취하게 되는 것이다.

유비가 유망한 인재를 간절히 바라고 있었다고는 하나, 세 번이나 제갈공명을 찾아가서 그 의견을 삼가 청한 것은, 제갈공명이 아무리 뛰어난 재능을 가진 사람이었다고 할지라도 그 당시의 상식으로는 생각할 수 없는 일이었다. 이는 오늘날에도 해당되는 일이라고 할 수 있을 것이다. 유비의 위대함은 바로 이런 부분이라 할 수 있으며, 또 인간관계의 불가사의함이라 할 수 있다.

사람들은 스스로의 능력을 자랑스럽게 생각하는 데가 있으며 그 능력을 인정받느냐, 받지 못하느냐에 따라서 상대방에게 절대적인 신뢰를 둘 것인지 말 것인지를 판단하는 수가 많다.

인재의 등용은 능력 제일이라는 점도 있지만 겉보기로는 추측할 수 없는 잠재적인 '활력'이라는 면을 끌어낼 수 있어야만 그 능력을 충분히 활용할 수 있다. 제갈공명은 자신이 가진 전심전력의 능력을 기울여서 유비를 섬겼고, 또 그 아들인 유선을 섬겼던 배경에는 그런 '의기에 감동하는' 면이 있었다.

두말할 것도 없이 조조나 유비는 모두 능력 있는 인재를 자기 막하에 모을 수가 있었기에, 천하에 위세를 떨칠 수가 있었다. 이것은 혼미의 시대인 오늘날에 있어서도 그대로 통용되는 것임은 두말할 나위도 없는 일이다.

02
통솔, 적벽의 싸움과
조직의 형태

싸움에 이기는 세 가지 요점

중국의 병법서에 『오자吳子』라는 것이 있다. 유명한 병법서인 『손자孫子』와 쌍벽을 이루는 것으로서, 지금으로부터 2400년 전인 전국 초기에 초나라의 재상으로 활약한 오기의 말이나 글을 모은 것이다.

무후가 오기에게 물었다.

"강한 군대를 만들기 위해서는 어떻게 하면 좋은가? 또 나라의 수비를 견고하게 하고 싸워서 반드시 승리를 얻으려면 어떻게 하면 좋은가? 그 방법을 가르쳐주길 바라네."

오기가 대답했다.

"군주가 무릇 어진 사람으로 하여금 위에 있게 하고 불초不肖(못나고 어리석은 사람)한 사람을 아래에 있게 하면, 진陣은 이미 안정된 것입니다. 백성이 그 전택田宅에 평안을 느끼고 그 관리에게 친근감을 가지면 수비는 이미 견고합니다. 백성이 모두 자기 군주를 옳다고 여기고, 이웃나라를 그르다고 말하면 싸움은 이미 이긴 것입니다."

즉, 강한 군대를 만들기 위해서는 유능한 사람을 높은 지위에 앉히고, 무능한 사람을 낮은 지위에 두어야 하며, 나라의 수비를 견고하게 하기 위해서는 백성의 생활을 안정시키고 위정자를 친근하게 느끼게 해야 하며, 그 위에 싸워서 반드시 이기기 위해서는 백성이 자기 군주의 방침을 옳다고 믿고 따르며 다른 나라는 그르다고 느끼도록 하는 일이라는 것이다.

공정한 인사, 실속 있는 대우, 매력 있는 지도방침, 이 세 가지가 조직을 견고하게 하고, 인심을 장악하며 싸움에 이기는 포인트라는 것은, 오늘날의 기업에 있어서도 꼭 들어맞으며 리더십을 발휘하기 위한 기본적인 조건이라고 해도 될 것이다.

반대로 생각하면, 이 세 가지 포인트는 그만큼 실행이 쉽지가 않다는 것을 의미하기도 한다. 또 그 중에서 어느 하나가 빠져도 조직을 효과 있게, 그리고 원활하게 움직이기가 어려워지는 것이다.

기업조직의 운영은 흔히 전쟁에서의 전술 및 전략에 비유된다. 전쟁은 문자 그대로 목숨을 건 투쟁을 의미하는 것이기 때문에, 거기에는 사소한 실수나 마음의 해이가 허용되지 않는다.

사람에게는 각기 능력의 차이가 있으므로 이 세 가지 사항을 누구나 만족할 수 있도록 완벽하게 처리할 수 있다고는 할 수 없겠지만, 원활하고 강력한 조직력과 높은 성과를 위해서는 늘 준비하고 갖추어야 할 리더의 덕목이기도 하다.

조직의 윗사람으로 해야 할 처신과 선택

조직행동이 효과 있게 작용하는 것은 종적계열의 인간관계가 원활한 상태일 때다. 윗자리에 있는 사람이 부하의 헌책에 솔직하게 대응할 수 있고, 부하도 윗사람의 뜻을 받들어 노력하는 관계가 성립되어 있으면 원활한 조직이 될 수 있다.

하지만 현실적으로는 조직의 구성원들이 자기의 생각이나 사리사욕을 가지고 자기위주로 말과 행동을 하는 일이 적지 않다. 그렇다고 해서 분명하게 자신의 욕구를 드러내는 것은 아니고, '조직'을 전면에 내세워 사리사욕의 방패막이로 삼는 경우가 있다. 이러한 일들이 조직 속에서 살아남기 위해서 부득이하게 사용되는 일도 없지는 않을 것이다. 하지만 아무리 그렇다 하더라도 정도 문제이며 조직을 썩게 하는 요인이 되는 것으로 단호하게 배제할 필요가 있다.

그러기 위해서는 윗자리에 있는 사람, 다시 말해서 조직의 윗사람이 느슨함을 보인다든가, 의에 어긋나는 언행을 하지 않아야 함이 전제이다.

삼국지의 시대는 조직적인 행동이라고 하더라도 오늘날에 비하면, 구성원 자체의 의식은 현저하게 낮았다. 조직적인 결합이라기보다도 개인의 생존을 무엇보다도 우선했다. 비록 그렇다 하더라도 서로 간의 개인적인 인간관계가 강한 면도 있었고 의로운 행동이 매우 존중되었다. 그러기에 어리석은 무리들에게 현혹되지 않고 진심으로 주군의 이익을 위해 간언하는 충신도 적지 않았으며, 그를 알아주는 훌륭한 주군도 적지 않았던 것이다.

서기 208년에 그 유명한 '적벽의 싸움'이 있었다. 이 싸움은 형주荊州 북부를 석권하고 장강長江유역으로 진출한 조조가, 천하통일의 야망을 달성하기 위해 장강으로 내려가는 중에 이를 맞아 치는 손권 및 유비와의 싸움이다.

'조조가 온다'는 소식에 손권의 장병은 싸우기도 전에 전의를 상실하고 있었다. 팔십만이나 되는 군사가 진격해 온다는 전갈이고 보면, 서로의 전력의 차이를 생각한 끝에 당장이라도 조조의 군문에 항복하자는 의견이 대세를 차지하는 것도 무리가 아니었다. 그러나 손권은 책상을 칼로 쳐서 잘라 보인 다음, 동요하고 나약해진 다수파의 주장을 뿌리쳤다.

손권으로서도 조조의 대군에 대한 두려운 마음이 없었다고 할 수는 없다. 책상을 칼로 친 것은 부하 장병들은 물론이고 스스로의 결단을 확고히 하기 위한 것이었으며 행동으로 옮기겠다는 하나의 '의식'이었다고도 할 수 있을 것이다.

어떤 경우든 조직의 책임자는 고독하다. 그 고독을 이겨내지 못하면 인간 집단으로서의 조직을 이끌어나갈 수가 없다. 손권으로서도 많은 장병이 조조의 대군 앞에 떨고 있는 기분을 이해할 수 있었겠지만, 자기의 기분을 더 잘 알고 있었다. 난세에서 천하에 패를 겨루고 있다는 자부심도 있었을 것이다. 또 부하 장병들이 안이하게 조조의 군문에 항복하려고 하는 것은 비록 항복을 하더라도 일신의 안전은 보장받는다는 면이 있었기 때문일 것이다.

그러나 손권에게는 항복하면 달리 다른 방도가 없었다. 재기불능이 될 것이 틀림없었던 것이다. 손권에게는 앉아서 멸망을 기다리느냐, 아니면 결전을 하여 결판을 낼 것인가 하는 그 두 가지 길밖에 남아 있지 않았다. 그렇다고 한다면 당연히 후자를 택할 수밖에 없었던 것이다.

종적 계열의 이상적인 형태

항복파가 다수를 차지했던 군사회의 석상에서 손권으로 하여금 싸울 결단을 내리게 한 것은, 주유의 논리 정연한 정세 분석 덕분이었다. 다시 말해서 조조가 수륙 양군 합쳐서 팔십만 명이라고 보내온 서찰을 보고 모두들 지레 겁을 먹고 있었지만, 자세히 검토해 보면 군대는 십오륙만 명에 지나지 않았으며, 더구나 장거리를 원정해 온 탓으로 피로에 지친 병사들뿐이었고 그 장병들이 모두 조조를 진심으로 따르고 있지는 않는다는 점과 또한 지리에도 밝지 못하다는 약점이 있었다.

이러한 주유의 설명은 손권의 결단을 촉구하고 전군이 결전에 나서게 하는 계기가 되었다.

회의가 끝난 다음 밤이 되자 주유는 거듭 손권에게 진언했다. 손권의 동요를 막고 차분히 서로 이야기함으로써 기분을 안정시키려 했던 것이다. 조조군은 조금도 무서워할 만한 존재가 못 된다는 것을 다시 강조하며 주유는 이렇게 말했다.

"정병 오만을 저에게 주신다면, 저 혼자서 조조를 쫓아 보내겠습니다."

손권은 주유의 어깨에 손을 얹고 다음과 같은 말로써 주유에게 출전을 명령했다.

"참으로 그대의 말이 옳다. 장소나 진송 등은 모두 자기 처자나 일신의 안전만을 생각하고 있다. 나를 생각해 주는 사람은 그대와 노숙뿐이로다. 이것은 하늘이 두 사람을 내려 나를 구해 준 것이다. 그러나 지금 갑자기 오만의 병졸을 모으기는 어렵지만, 삼만의 병사와 배, 식량 등의 준비는 되어 있다. 그대는 노숙, 정보와 함께 선봉에 서 주기 바란다. 나도 곧장 배후에서 엄호하겠다. 만약 상대가 강력하다면 곧 돌아와 나와 합류하는 것이 좋겠다. 내가 직접 조조와 자웅雌雄(승부, 우열, 강약 따위를 비유적으로 이르는 말)을 겨루겠다."

주유의 존재는 손권에게 있어서 그야말로 백만 대군에 필적할 만했으리라. 자신의 뜻에 맞는 의견을 말하는 사람을 최고 책임자들은 원하지만 때에 따라서는 영합, 아첨의 부류일 수도 있기 때문에 잘 판단해야 한다.

누구든지 귀에 듣기 좋은 말은 환영하고 바른 말을 하는 사람은 물리치기 쉽다. 일이 순조롭게 진행되고 있을 때는 그래도 문제는 일어나지 않는다. 하긴 순조로운 때가 아니면 달콤한 말을 하는 사람은 나오지 않는다.

그러나 주유 같은 인물은 바른 말도 하지만, 중요한 시기에 가서는 확고한 판단에 의거해서 취해야 할 자세를 정확하게 제시한다. 최고 책임자에게는 얻기 힘든 인재요, 귀중한 보좌역이라고 할 수 있다.

조직의 종적계열 인간관계에 있어서 이런 식의 편성이 위에서부터 아래까지 이어져 있다면 이것만큼 이상적인 것은 없다. 또 그런 상태를 만들어내는 것이 조직 책임자의 역할이기도 하거니와 때때로 조직 본연의 자세를 잊고 모든 것을 자기가 직접 지휘하고 보고를 받겠다는 책임자가 없는 것도 아니다. 그렇게 되면 이미 조직이라기보다도 단순한 그룹이며, 최고 책임자도 그룹 리더에 지나지 않는다. 그러다 보니 부하는 조직(회사) 전체의 일보다는 최고 책임자의 뜻을 헤아리는 데에만 전전긍긍하고 눈치 보기에만 시간을 허비하고 만다.

이런 상태에서는 성과 있는 조직행동을 바랄 수 없다. 적어도 손권이 주유에게 말한 것처럼, 뒤에는 내가 버티고 있을 테니 전력투구해 달라는 자세가 아니면 뛰어난 인재는 자라지 못할 것이다.

내통전술內通戰術과 화공火攻으로 승리

주유와 정보의 군대는 유비와 합류하여 장강을 내려오는 조조군을 맞아 치기로 하였다.

그리고 양군은 적벽에서 만났다. 조조군의 병사들 사이에는 그때 전염병이 퍼지고 있었는데, 그런 탓도 있어서인지 서전緖戰에서 조조군은 패퇴하고, 장강 북쪽에 진을 쳤다.

주유의 군선軍船은 대안對案에 진을 친 채, 다음 조조군과의 싸움에 대비하고 있었다. 십수만이나 되는 조조군에 비해서 주유의 군세는 고작 수만, 비록 서전에서 승리를 거두었다고는 하지만 상식적으로는 주유 쪽이 압도적으로 불리했다.

그때 손권이 거병한 이후 줄곧 그를 따라 여러 번의 싸움을 겪어 온 노장 황개가 주유에게 헌책했다.

"이대로 느긋하게 대처하여 싸운다면 병력의 차이로 보아 승산이 없습니다. 그러나 적의 수군은 선수와 선미가 맞물리게 얽어매어 움직일 수가 없는 상태입니다. 화공을 해보는 것이 어떻겠습니까?"

그러나 화공을 한다는 것은 그리 쉬운 일이 아니었다. 생각 끝에 황개는 조조에게 투항하겠다는 뜻의 거짓 서한을 보냈다.

"나는 손씨에게 후한 대우를 받아왔으나 시세時勢라는 것도 있으며, 중원의 백만 대군에게 대항해 본들 중과부적인 것 같습니다. 아군의 무장들도 모두 귀하와 싸워서는 안 된다는 의견이지만, 주유와 노숙만이 완

강하게 개전開戰을 주장하고 있습니다. 이 서한을 보내는 것도 곰곰이 생각한 끝의 일이오니 진정을 살펴주십시오.

주유의 군사를 깨기는 간단하므로 전투가 시작되면 제가 직접 선봉이 되어 귀하를 위해 진력하겠습니다."

조조는 황개의 사자를 불러들여 여러 가지를 따져 물은 끝에 다음과 같이 약속했다.

"황개가 진실로 나에게 내통해 준다면, 그에게 전례가 없는 은상을 내리겠다."

조조는 황개의 내통을 믿은 셈인데, 그만큼 조조군의 사기가 떨어져 있었던 모양이다. 그렇지 않다면, 병력의 차가 뚜렷하며 반드시 이길 수 있는 싸움에 그대로 믿을 수도 없는 내통 제의를 받아들이지는 않았을 것이다.

개전 당일, 황개가 맨 먼저 배를 저어 나왔다. 그 쾌속선 열 척에는 생선기름을 흠뻑 발라 놓은 마른 풀과 마른 장작이 잔뜩 실려 있었다. 때마침 장강에는 동남풍이 불고 있었다.

황개는 적선으로 다가가 부하에게 자기가 항복해 온 것을 큰 소리로 알리게 한 다음, 적의 선단에 접근하자마자 가득 실은 마른 풀에 불을 붙였다. 때마침 불어오는 바람을 타고 맹렬한 불길에 휩싸인 쾌속선은, 조조의 선단을 향해 숨 돌릴 틈도 없이 부딪쳐 갔다. 조조군은 순식간에 괴멸되었으며, 조조도 간신히 도망칠 수 있었을 정도였다.

이 적벽의 싸움은 교묘한 전술로 약소세력인 손권이 조조의 대군을 무찌른 것으로 잘 알려져 있다.

　적벽대전은 싸움의 승리를 얻을 때까지의 손권과 주유와의 인간관계, 혹은 통치자로서 손권의 대응방법 등도 흥미 있는 점이 아닐 수 없다. 그와 동시에 결단과 신념, 혹은 상황판단 등에 대해서 여러 가지 일들을 생각하게 하는, 한 예라고 할 수 있다.

03
군자, 출사표와
명군의 조건

보좌역에 투철한 예지

'선비는 자신을 알아주는 사람을 위해서 죽는다'고 한다. 자기의 값어치를 진실로 인정해 주는 사람을 위해서는 목숨을 버려도 아깝지 않다는 뜻이다. 거꾸로 말하면 자기의 진가를 인정해 주지 않는 사람을 위해서는 그 나름의 대응 밖에 하지 않는다는 뜻을 내포하고 있다.

이익과 손실을 먼저 따지는 현실 속에서도 그런 일은 흔히 있다. 하나 더하기 하나는 계수대로 2가 되지 않고, 3도 되고 5도 되는 것은 그 마음의 상태가 작용하기 때문이다. 상사와 부하라는 관계뿐만 아니라, 인간관계에서는 모두 이런 작용이 내재하고 있다고 할 수 있다. 이는 인간이 바로 감성의 동물인 까닭이다. 조직의 활성화라든가 원가절감이라든가 변화와 혁신을 위한 몸부림 등, 이것저것 머리를 아프게 하는 일이 적지 않은 것은 기업조직의 숙명과 같은 것이다. 그러나 조직이 인간의 집단으로 성립되어 있는 이상, 개개 구성원의 마음을 어떻게 움직이게 하고, 혹은 어떻게 포착할 것인가 하는 것이 주안점으로 되고 있음은 명백하다.

타성에 젖어 그것을 잊고 있는 리더도 적지 않다. 목전의 일에만 사로잡힌 채 사람이 지니고 있는 힘의 원천이 어디에 있는가를 알아차리지 못하고 있는 것이다. 그 때문에 피상적인 회유책이나 사기앙양의 계획밖에 생각해내지 못하고 결국은 헛수고로 끝나고 만다. 도로 아미타불이 아니라 경우에 따라서는 마음의 이반離反(인심이 떠나서 배반함)까지 일으켜 버리는 수도 있다.

엄격한 규율 아래 관리되고 있는 군대에서도 이따금 장병 간에 심각한 균열이 발생한다. 하물며 기업조직인 이상 그 균열이 언제 일어난다 해도 이상할 것은 없는 것이다.

삼국지의 세계를 바라볼 때 철저하게 보좌역으로 임무에 투철한 이는 제갈공명이라 할 수 있다.

제갈공명은 잘 알려져 있듯이 유비가 '삼고초려'로 맞아들였으며, 그 후 유비의 훌륭한 참모로서 '수어지교水魚之交'를 맺은 인물이다.

서기 221년에 유비가 촉나라에서 한나라 황제가 되자, 제갈공명은 승상이 되어 그 능력을 종횡무진으로 발휘했다. 그는 자신을 유비의 보좌역에 위치를 굳히고 그 임무에 매진한 것이다. 그야말로 일편단심이었다. 그에 대해 유비도 공명의 능력을 높이 평가하고 후하게 대우했다.

'출사표'에 넘치는 지극한 충정

서기 227년, 풍요한 남방의 곡창지대를 평정한 제갈공명은 위나라 토벌에 착수한다. 출발에 앞서 그는 유선에게 '출사표'를 바쳤다. 스물한 살밖에 되지 않은 새 임금 유선을 남겨두고 떠나는 원정이었다. 그것이 그로서는 가장 큰 걱정이었다. 그러기에 제왕으로서의 자세, 마음가짐을 설명한 상주문을 바쳤던 것이다.

그 내용은 시대가 훨씬 지난 오늘날의 기업조직에 있어서도 윗자리에 있는 사람의 마음가짐으로서 시사하는 바가 크다고 하겠다.

"선제先帝는 창업을 성취하지 못하신 채 붕어崩御(임금이 세상을 떠남)하시고, 지금 천하는 삼분되어 있으며 우리 익주益州는 피폐의 극에 이르렀습니다. 그야말로 위급존망지추危急存亡之秋(나라가 존재하느냐 망하느냐 하는 중대한 때)입니다.

조정에서 가까이 모시는 신하들이 힘을 다해 부지런히 일하고 있으며, 또 충성스러운 신하들이 신명을 다 바치고 있는 것은, 선제의 은고恩顧(은혜를 베풀어 보살펴줌)를 추모하고 그것을 폐하에게 보답하고자 하는 마음에서입니다. 폐하께옵서는 아무쪼록 널리 사람들의 충언에 귀를 기울이셔서 선제의 유언을 빛나게 하는 동시에 신하들의 사기앙양에 힘써 주십시오. 또한 시시한 핑계를 꾸며서 충성스러운 간언을 물리치는 일이 있어서는 안 됩니다.

궁중宮中과 부중府中은 일체입니다. 공죄公罪(국가의 공익을 해한 죄)의 평결에 불공평이 있어서는 안 됩니다. 무슨 일이든지 모두 담당관들의 토의에 부쳐서 그 상벌을 결정케 하여 폐하의 공명하신 정도政道를 보여주십시오. 사적인 감정에 사로잡혀서 궁중과 부중에 차이를 두어서는 안 됩니다.

어진 신하를 가까이 하고 소인을 멀리 한 것이 바로 전한前漢이 번성한 이유이옵니다. 소인을 가까이 하고 어진 신하를 멀리 한 것이 바로 후한後漢이 쇠퇴한 이유이옵니다.

선제가 살아 계실 때 저와 이 일을 논하실 때마다, 반드시 환제, 영제靈帝의 실정失政을 탄식하고 통한해마지 않으셨습니다. 시중侍中 곽유지, 상서尙書 진진, 장사長史 장예, 참모인 장완은 모두 절개가 있으며 나라를 위해 목숨을 버릴 인물입니다. 아무쪼록 그들을 전폭적으로 신뢰해 주십시오. 그렇게 하면 한나라 왕실의 번영도 멀지 않습니다.”

상주문은 원정에 나서면서 새 황제인 젊은 유선을 남겨두는 데 커다란 불안을 느끼고, 간절하게 올바른 정도政道를 설명하는 공명의 생각이 뼈에 사무치게 전해지는 듯한 느낌이 든다.

어진 신하와 소인, 이 두 가지 유형의 사람은 어떤 조직에서든 있게 마련이다. 윗사람의 대응 여하에 따라 이 두 가지 유형의 사람들은 가까워지기도 하고 멀어지기도 한다.

소인은 즉 수양을 쌓아서 덕행이 갖추어진 품위가 높은 사람인 군자와는 거리가 먼 반대편에 위치하는 인물이다. 이 소인들은 때때로 어진 신하로 가장하기도 한다. 그럴 때 윗사람에게 사람을 보는 눈이 없으면, 소인을 어진 신하로 잘못 보고 뜻하지 않는 재난을 초래하기도 한다.

『구약성경』「잠언」에 이런 말이 있다.

"음녀의 입술은 꿀보다 달고 그 말은 기름보다 미끄러우나, 결국 그녀는 쑥 같이 쓰고 두 날 가진 칼처럼 날카로우며…."

악한 마음을 가진 소인은 이 음녀처럼, 어느 틈에 파고들어 정신을 차렸을 때는 날카로운 칼끝으로 목을 찌르려 하는 일이 없다고만 할 수는 없다. 공명은 소인들이 유선에게 접근할까 봐 진심으로 우려했던 것이다.

선비는 알아주는 사람을 위해 죽는다

제갈공명의 '출사표'는 자기와 유비와의 만남, 그리고 '선비는 자기를 알아주는 사람을 위해 죽는다'는 뜻이 무엇인가를 유선에게 누누이 말하고 있다.

"저는 본시 무위무관無位武官이며, 남양南陽 땅에서 밭을 갈면서 난세를 무사히 살아남으면 된다는 생각이었을 뿐, 제후를 섬겨 입신출세할 생각은 전혀 없었습니다. 그러나 선제께서는 저의 비천함을 개의치 않으시고 몸소 누추한 집으로 세 번이나 찾아오셔서 현실적인 여러 가지 문제에 대해서 물어주셨습니다. 분에 넘치는 영광에 감격한 저는 선제를 위해 분골쇄신粉骨碎身할 것을 맹세했던 것입니다.

그로부터 21년, 선제께서는 저의 근실하고 정직함을 인정하시어, 붕어하실 때에는 '한나라 왕실의 재흥'이라는 큰일을 저에게 맡기신 것입니다. 그 이후 밤낮으로 저의 마음을 괴롭혀 온 것은, 그 부탁에 보답하지 못하고 선제의 명찰明察(사물을 똑똑히 살핌)하심을 의심케 하지나 않을까 하는 것입니다.

이미 남방은 평정되고 군의 장비도 충분히 갖추어졌으므로 전군을 이끌고 북쪽 중원을 평정해야 할 때입니다. 바라옵건대 비재非才(변변치 못한 재주)를 다해서 간흉한 무리들을 소탕하고, 한나라 왕실을 재흥해서 옛 수도(낙양)로 돌아가고자 생각합니다. 이것이야말로 선제의 은고에 보답하고, 폐하에게 충절을 다하기 위한 저의 책무이기 때문입니다."

뛰어난 군략가인 제갈공명이 어째서 유비가 죽은 후에도 분골쇄신으로 새 임금 유선을 떠받드는지는 이 문장으로 충분히 이해할 수 있을 것이다.

이것은 인간관계나 인간행동이라는 것을 생각함에 있어서 매우 많은 시사점을 주는 사례라고 할 수 있다. 세상의 풍습은 죽은 사람은 곧 잊어

버리게 마련이다. 하지만 한편으로 사람의 마음속에는 '의'를 소중히 여기는 마음 또한 의외로 뿌리 깊게 자리 잡고 있다.

'의'라고 하면 요즈음 같은 디지털세상의 첨단기술, 뉴미디어시대에는 어울리지 않는 것 같기는 하지만, 의는 신의信義이며, 도의道義, 정의正義이자 의무이다. 이것은 사람이 생존하고 있는 이상 어떤 일이 있어도 불식할 수 없는 것 중의 하나라고 할 수 있다.

시대가 초고속, 첨단기술화의 방향으로 진전되면 될수록, 그와는 반대로 이런 요소는 인간관계 속의 중요한 인자가 되리라는 것은 충분히 생각할 수 있는 일이다.

'출사표'에서 제갈공명은 유비에 대한 보은을 누누이 말하고 있다. 물론 제갈공명의 본래의 소망은 유비를 통해 한나라 왕조를 재흥하고자 하는 데 있고, 유비가 죽은 다음에는 그 아들인 유선을 통해 자신의 소망을 성취시키려는 생각이 있었을지도 모른다. 그러나 그 이상으로 공명은 유비와의 '의'에 충실하기 위해 자신을 엄하게 다스렸다고 할 수 있을 것이다. 그야말로 일편단심이었다.

제갈공명은 '출사표'에서 이렇게 맺고 있다.

"폐하 자신께서도 마땅히 스스로를 도모하시어 바른 길을 물어 좋은 뜻을 받아들이시고, 선제의 유명에 깊이 부합되도록 노력해 주십시오. 신(공명)은 은혜를 입고 감격해마지 않으며, 지금 멀리 떠남에 있어서 붓을 들면서도 눈물이 앞을 가려 말할 바를 알지 못하겠습니다."

군자가 마음에 지녀야 하는 것

　기업조직에 있어서의 인간관계는 유비와 제갈공명 사이처럼 '군신수어(군신의 사이가 물과 물고기처럼 밀접한 것)'가 이상적이다. 그렇지만 현실적으로는 각 개인의 성향이라든가 가치관, 관념, 습관 등이 얽혀 좀처럼 진정한 의미에서의 군신수어가 되기는 어렵다.

　가장 큰 원인으로서 앞서 말한, '속에서 우러나오는 정성스러운 마음'의 희박이나 결여를 들 수 있다. 아집我執에 치우치고 의를 잊어버린다면 우선 군신수어 따위는 바랄 수도 없다.

　그와 동시에 흔히 볼 수 있는 것은 '임금이 임금답지 못하면 신하도 신하답지 못하다'는 식의 양상을 띠고 있다. 운명공동체와도 같은 기업조직임에도 불구하고, 위에 선 사람이 존경받지 못할 언행을 하고 있다면 원만한 인간관계 따위가 성립될 리 만무하다.

　『논어』에 '걱정하지 않고, 현혹되지 않고, 두려워하지 않는다'는 '군자의 삼덕'이라는 것이 있다. 바꿔 말한다면 '인仁, 지智, 용勇'이 된다. 이 세 가지를 군자의 이상으로 삼는다. 이상으로 삼을 정도인 만큼 그것을 몸과 마음에 익히기는 지극히 어려운 일이라고 할 수 있겠지만, 그것을 위해 노력을 기울이는 것과, 기울이지 않는 것의 결과는 전혀 차원이 다른 이야기가 될 것이다.

　"군자는 옥루屋漏를 부끄러워하지 않는다."

　옥루라는 것은 방의 서북쪽 구석을 말하며, 집안에서 가장 어둡고 구석진 곳이다. 그러므로 가장 사람 눈에 띄지 않는 장소에서도 부끄럽게 여겨야 할 행위를 하지 않는 것이 군자라는 뜻이다.

"군자의 잘못은 일월日月의 식蝕과 같다."

군자의 잘못은 일식이나 월식과 마찬가지로 좀처럼 없는 일이므로 사람들이 이상해 하지만 곧 고치기 때문에 '과연 군자다' 하고 존경한다.

"군자는 재주가 있는 것이 아니다."

학문과 수련은 보통 인간의 개성을 길러서 한 가지 기능에 뛰어난 인간을 만든다. 군자는 뛰어난 재능을 가진 사람들을 쓸 수 있는 인물이기는 하지만 특기가 있고 재주가 있는 것은 아니다.

"군자는 성덕盛德을 갖추었지만 용모는 어리석어 보인다."

군자라는 것은 훌륭한 덕을 가지고 있지만 표면에 나타내는 일은 없으므로, 언뜻 보아 평범한 사람과 다를 바가 없다.

"군자의 교제는 담담하기가 물과 같다."

물은 맛이 없고 담백한 것이지만, 군자의 교제도 물과 마찬가지로 담백하다. 그러므로 오히려 변함이 없고 오래 계속되는 법이다.

이처럼 군자의 조건을 살펴보고 있노라면, 자연히 인간관계나 인간행동의 이상적인 자세가 분명해진다. 어진 신하와 소인을 분별하는 방법도 군자의 구별과 마찬가지일 것이다.

어떻게 판단하고 분별하느냐에 따라서, 인간으로서의 평상시의 모양이나 형편을 구별할 수 있게 되는 것이다. 그런 의미에서 인간의 관찰은 스스로를 높이기 위해 도움이 되는 것이며, 또 다른 사람과의 관계에서 단심丹心(속에서 우러나오는 정성스러운 마음)은 빠뜨릴 수 없는 중요한 요소인 것을 새삼 깨닫게 된다.

04
신뢰, 장기전략의
기본원리

혼미의 시대와 사리에 맞는 적절한 대응

성선설을 주장한 것은 맹자지만, 예禮를 주로 해서 사람의 천성을 교정하여 도덕을 유지하려고 한 사람은 순자이다. 순자는 성악설을 주장한 인물이다.

순자의 합리주의를 나타내는 것으로서 다음과 같은 글이 있다.

"천행天行은 일정하다. 요堯를 위해 있지 않고, 걸桀을 위해 망하지 않는다. 이에 응하기를 사리로써 하면 길吉하고, 이에 응하기를 난亂으로써 하면 흉凶하다. 근본을 강하게 하고 쓰기를 절약하면 하늘도 가난하게 하지 않으며, 보양保養을 충분히 하고 적당히 움직이면 하늘도 병들게 할 수 없으며, 도리를 어긋나지 않으면 하늘도 화를 입게 할 수 없다."

천지자연의 도리는 일정불변이다. 요임금이 나타났기 때문에 존재하고, 폭군인 걸桀이 나타났다고 해서 소멸되는 것이 아니다. 어떤 군주이든 좋은 다스림의 방법으로 대응하면 길하고, 어지러운 방법으로 대응하면 흉하다. 근본을 튼튼하게 하고 물건을 절약하면 하늘의 힘으로도 가난하게 할 수는 없다. 보양이 충분하고 운동도 적당히 하면 하늘도 그 사람을 병들게 할 수가 없으며, 사람으로서의 길을 따르고 위배하는 일이 없으면 하늘도 그 사람에게 해를 줄 수가 없다는 것이다.

'사리로써 하면 길하고, 난으로써 하면 흉하다.'

극히 당연한 일처럼 생각되지만, 막상 현실적인 문제일 때 이런 대응을 할 수 있을지는 의문이다. 사람은 때로 눈앞의 작은 일에 사로잡혀서 진정으로 중요한 목적이나 목표를 잊어버리는 수가 있다.

우리는 개인적인 행동에서나 기업조직의 운영에 있어서나 '난亂'에 의한 대응을 자주 하는 경향이 많다. 그것을 인간이 지닌 '약함'이라고 말해 버리면 그만이지만 극히 사적인 문제라면 모르거니와 적어도 일종의 운명공동체인 가정이나 기업조직에 있어서 그런 류의 기본적인 실수가 나타나면 일은 복잡해진다.

'사리'를 잊고 '난'으로 치닫게 되면 장기적인 전략은 바랄 수도 없으며, 항상 눈앞의 이익에만 사로잡히고 말게 된다. 그 결과는 항상 즉흥적이며 임기응변적인 대응밖에 하지 못하고 언제나 우왕좌왕한다. 급성장한 기업 등에서 이런 일이 흔히 있다. 임기응변적인 방법으로도 어쩌다가 잘 되면, 그것이 전략적으로 옳은 것으로 착각하고 그에 집착한다. 그러므로 조금만 좌절하면 그것에 대한 대응이 나빴던 것으로 생각해 버리는 나머지, 처음으로 돌이켜 기본전략 검토에 눈을 돌리지 않는 것이다.

상황의 변화는 분명히 목전의 변화이기는 하다. 그렇지만 그 밑바닥을 흐르는 시대의 변화나 상황의 변화를 고려하지 않으면 적절한 대응을 할 수가 없다. 시대의 변화야말로 자연의 섭리이며, 그 이치를 모르면 진정한 전략은 생겨나지 않는 것이다.

난세나 혹은 오늘날과 같은 혼미의 시대에 있어서는 여러 가지 '임기응변臨機應變의 기술'이 요구되고 있다. 어떤 계기를 맞이하여 적절한 대응을 하지 못하면 자멸할 수밖에 없다. 그런 의미에서는 목전의 변화에 즉시 응할 수 있는 태세가 불가결하지만, 그것에만 마음을 뺏기고 있다가는 살아남을 수가 없다.

기회를 타면 누구든지 그 나름대로의 성과를 거둘 수는 있다. 그러나 그 성과를 보다 발전시키고 지속시키기 위해서는 단순한 '임기응변의 기술'만으로는 어렵다. 역시 그 행동의 밑바탕이 되는 기초에는 하나의 굵은 줄기(비전과 목표)가 필요하며, 또 목전의 일에 사로잡히지 않고 사리事理(일의 이치)에 맞는 적절한 대응이 요구되는 것이다.

전략적 행동이 중요한 것은 그 때문이거니와 오늘날의 상황에서는 자칫하면 즉흥적인 '임기응변의 기술'에만 눈이 가는 경향이 많다. 그것은 어떤 종류의 조급함이 앞서 가고 있기 때문일지도 모르나, 한 인간으로서 살아가는 방법을 원점에서 주위를 살피고 다시 검토해 보는 것도 중요하다 하겠다.

대의명분이냐, 전략 우선이냐

조직행동도 인간행동과 마찬가지로 '사리로써 하면 길하고, 난으로써 하면 흉함'에는 다름이 없다. 모두 자연계의 질서를 떠받드는 이법理法, 다시 말해서 자연의 섭리에 따르고 있는 것이다. 그렇기 때문에 조리에 맞지 않는 행동을 하면 흉을 당하게 된다. 물론 그것은 장기적인 면에서 보았을 경우이며, 단기적으로는 기책奇策(남들이 흔히 생각할 수 없는 기묘한 꾀)이나 술수를 써서 잠깐의 성공을 거두는 수도 얼마든지 있을 수 있다.

삼국지의 세계에서는 그런 장기적 혹은 단기적인 성공, 또 작용과 반작용에 대한 일화가 많이 그려져 있다.

유비의 '삼고초려 예'에 응하고 그의 훌륭한 보좌역이 된 걸물 제갈공명은 전반적인 면에 걸쳐서 성공을 거둔 것은 아니지만, 일개 인간으로서는 훌륭한 생활방식을 전개해 보인 인물이라고 할 수 있다.

서기 229년에 오나라의 손권이 제위에 올랐다. 조조가 온 힘을 다해 세운 위나라 왕조 성립 후 9년 뒤이며, 촉나라의 유비가 즉위한 시점에서부터 8년 후의 일이었다. 이렇게 됨으로써 위나라, 촉나라, 오나라의 삼국이 나란히 출발점에 서게 된 것이다. 그렇다고는 하지만, 그 이전의 정세에 중대한 변화가 생긴 것은 아니었다. 촉나라와 오나라는 동맹관계를 맺고 위나라와 맞서고 있었으며, 제갈공명은 위나라 타도를 위해 밤낮으로 부심하고 있었다.

손권이 제위에 오르자, 오나라는 촉나라로 사자를 보내어 손권의 즉위에 대한 양해를 구했다. 동맹관계에 있는 촉나라에 대해서 오나라가 의례적인 인사를 한 것이었다. 이 문제에 대해서 촉나라는 곧 회의를 열고 검토에 들어갔다. 회의석상에서 여러 신하는 모두 오나라와의 단교를 주장했다. 그 이유는 이러했다.

"이대로 오나라와의 동맹관계를 계속하더라도 얻을 바가 없을 뿐만 아니라, 대의명분을 잃을 우려도 있습니다. 촉나라의 정통성을 분명히 하기 위해서라도 오나라와의 외교관계를 끊어야 합니다."

손권이 제위에 올랐다는 것은 촉나라의 입장에서 본다면 신분에 넘치는 당치도 않은 칭호를 사칭하는 죄를 범하게 되는 셈이며, 그것을 못 본체하면 한나라 왕조의 정통을 잇고 있다는 촉나라의 대의명분은 없어져 버리게 되는 것이었다. 그런 의미에서 볼 때 촉나라로서는 오나라의 황제 따위는 절대로 인정할 수가 없었던 것이다.

여러 신하의 의견에 대해서 제갈공명은 이렇게 설득했다.

"우리나라가 제위에 오르려고 하는 손권의 움직임을 못 본 체한 것은 위나라를 치기 위한 동맹군을 갖고자 했기 때문이다. 지금 국교를 단절

하면 오나라는 우리나라에 깊은 원한을 품을 것이고, 그렇게 되면 오나라와 일을 벌이지 않으면 안 되며, 중원의 위나라를 치는 일이 뒤로 미루어지게 된다.

또 손권 밑에는 유능한 신하가 많기 때문에 짧은 시일 안에는 평정할 수 없으며 병력을 소모시킬 뿐이다. 그것이야말로 위나라가 바라는 바이므로 훌륭한 방책이라고는 할 수 없다."

이어 그는 다음과 같은 견해를 보였다.

"손권이 북쪽을 치지 않는 것은 지知와 힘이 위나라에 뒤떨어지기 때문이며, 그것은 위나라가 한수漢水를 건너서 우리나라를 공격하지 못하는 것과 같다. 힘이 있으면서도 전략적으로 북정을 보류하고 있는 것은 아니다. 우리가 위를 치면 손권도 함께 호응하여 위의 영토를 분할하자고 할 것이다. 또 가령 손권이 움직이지 않더라도 동맹관계에 있으면, 오나라의 움직임에 신경을 곤두세울 필요도 없으며, 하남의 위나라 군세를 꼼짝 못하게 해놓을 수가 있다."

오나라와의 동맹관계는 커다란 이점을 가지고 있었으며, 촉나라의 장기 전략으로 봐서도 불가결한 요소였던 것이다. 중원을 평정한다는 큰 목적을 위해서는 손권이 황제를 자칭하는 죄를 비난해서는 안 된다고 공명은 말하고 있다.

대의명분이라는 것은 개인이나 조직의 행동에 있어서 매우 중요한 기반이 되고 있다고 할 수 있다. 행동력의 원천이 되기도 하는 것인 만큼 경솔하게 다룰 수는 없다. 그렇지만 대의명분을 스스로 포기해 버리는 것과는 달리 때로는 전략으로서 그것을 일시 유보할 수는 있다. 제갈공명의 판단은 바로 그것을 제시하고 있는 것이다.

성城을 얻고 신信을 잃지 말아야

결국 촉나라는 진진을 사자로 보내서 손권의 황제 즉위를 축하했다. 그때 손권은 두 나라의 동맹관계를 확인하는 동시에, 위나라를 공략하고 난 다음, 위나라 영토를 두 나라가 양분한다는 각서를 교환했다. 삼국정립이라고는 하지만 난세인 이상 합종연횡合縱連衡은 어느 세상에나 있기 마련이다. 그리고 때가 지나면 다른 합종연횡도 또한 생겨난다. 그런데 오나라와의 동맹관계가 다시 굳어짐으로써 후고後顧(지난 일을 못 잊어서 뒤돌아보거나 생각함)의 염려가 없어진 제갈공명은 위나라 공략에 매진하게 된다.

그리고 그는 갑자기 죽은 대사마 조진의 후임이 된 사마중달과 싸우게 되었다. 공명과 사마중달은 서로 온갖 지혜를 다해 싸움을 전개했다. 양자는 일진일퇴했다. 국력으로는 촉나라가 위나라보다 뒤떨어져 있었다. 국력에서 열세인 촉나라 군대가 위나라 군대와 호각互角(서로 우열을 가릴 수 없을 정도로 역량이 비슷한 것)으로 싸울 수 있었던 원인의 하나는, 촉나라 군대를 이끈 제갈공명의 뛰어난 리더십에 있었다.

제갈공명은 전략가로서 용병술이 훌륭했을 뿐만 아니라, 병사로부터의 인망도 두터웠다. 그는 병사들을 두루두루 살피는 한편, 그들을 소중히 다루었다. 그것은 필연적으로 병사들의 사기를 높였으며, 병사들도 사력을 다해서 보답한다는 결과를 만들어내게 했다.

공명이 기산에 포진했을 때의 일이다. 촉나라 군대는 요해지要害地(지세가 군사적으로 매우 중요한 장소)에 주둔하면서 열 명 중 두 명씩 휴양을 겸해 교대로 귀국시키며, 항상 팔만의 군세로 수비를 단단히 하고 있었다.

이윽고 위나라 군대가 포진하고 양군의 선봉대가 작은 전투를 시작하자, 촉군의 참모들 사이에 동요가 생겼다. 적군이 의외로 강해서 현재 군사로서는 승산이 없지 않을까 하고 생각했던 것이다. 그래서 참모들은 공명에게 이렇게 된 이상 다음 휴가를 한 달가량 보류하여 병력을 증강시킬 필요가 있다고 주장했다. 그러나 그는 참모들에게 다음과 같이 말하고 교대요원을 귀국시키도록 명령했다.

"나는 군을 통솔할 때 대신大信(약속한 일은 반드시 지킴)을 근본으로 삼아 왔다. 다음 교대요원은 이미 군비를 갖추고 그날이 오기를 기다리고 있다. 또 고향의 처자식도 그들이 돌아오기를 학수고대하고 있다. 아무리 곤란한 상황에 직면해 있다고 해도 그 약속을 깨뜨릴 수는 없다."

이 이야기가 전해지자 병사들은 감격하여, 교대를 연기하고 싸울 것을 자청했으며, 또 나머지 병사들도 '목숨이 있는 한 싸워 제갈공명의 은혜에 보답하자'고 결의를 새롭게 했다.

그 결과, 싸움이 시작되자마자 촉나라 군사들은 앞을 다투어 뛰어나가 무서운 기세로 싸워 사마중달군을 물리치고 대승을 거둘 수 있었다.

제갈공명이 훌륭한 성과를 올린 배경에는, 교묘하게 전술을 구사하는 능력이 있었음과 동시에, 그 행동이 '대신을 근본으로 삼는다'고 하는 높은 의식이 뒷받침되고 있었다는 데 있다. 대신을 중시했기 때문에 병사들은 공명을 깊이 신뢰하고, 그 은혜에 보답하자는 마음이 생겨났던 것이다.

윗사람이 자신의 형편에 따라 약속을 일방적으로 어기는 일은 예나 지금이나 다름이 없다. 그렇지만 '신信을 잃음(약속을 깨뜨림)'으로써 생기는 손해가 얼마나 큰 것인가를, 윗사람일수록 명심하지 않으면 안 된다.

춘추삼전春秋三傳의 하나인 『좌씨전』에 다음과 같은 이야기가 있다.

진나라의 문공이 원성의 포위전에서, 싸움을 삼일 안에 끝내겠다고 병사들에게 약속한 후, 그 기한이 되자 정말 성을 차지하기 직전이었는데도 불구하고 철수를 명령해서 병사들과의 약속을 지켰다고 한다.

물질적인 손익지상주의가 판을 치고 있는 오늘날의 입장에서 본다면, 다분히 지나친 일인 것처럼 생각될지 모르지만, '신信'이라는 것이 갖는 무게를 말해주는 한 예라고 할 수 있다.

삼국지에서도 제갈공명은 다음과 같이 말하고 있다.

"성城을 얻고 신信을 잃음은 옛날 사람들이 애석하게 여기는 바다."

이는 훌륭한 장수이기에 그 중요성을 잘 알고 있었던 것이다.

오장원五丈原의 대치

　서기 234년, 제갈공명은 다시 십여 만의 군사를 이끌고 위나라 공략에 나섰다. 그리고 오장원에 포진했다.

　위나라 군사의 주력을 이끄는 사람은 사마중달이었다. 양자의 싸움은 일진일퇴를 계속하다가, 마침내 오장원에서 대치하게 되었다. 사마중달은 신중을 기한 채 움직이지 않았다. 이렇게 되면 원정군에게는 불리하다. 그래서 공명은 여러 번 도전장을 보내기도 하고, 여성용 머리 장식품 따위를 보내어(사나이로서의 의지가 박약함을 비웃는 표시로) 사마중달의 화를 돋우려고 꾀하기도 했다.

　적장 제갈공명이 이런 조롱까지 하니 중달로서도 더 참을 수가 없었다. 마침내 뛰쳐나가려고 하는 그때, 부하인 신비가 명제明帝의 조서를 앞세우며 필사적으로 말렸다.

　그 조서에는 다음과 같이 씌어 있었다.

　"수비를 굳게 하고 적의 예기銳氣(날카롭고 굳세며 적극적인 기세)를 꺾는 일에 전념하라. 그렇게 하면 적은 공격해도 뜻대로 되지 않고, 물러나도 전투가 전개되지 않으며, 지구전이 되면 군량도 떨어진다. 약탈하고자 해도 약탈할 것이 없으니 반드시 퇴각한다. 그것을 추격하면 피폐한 적은 쉽게 쳐부술 수 있다. 이것이 전승의 길이다."

　이 조서를 읽고 사마중달은 간신히 공격을 단념했다.

　그런 어느 날 사마중달에게 제갈공명의 사자使者가 찾아왔다.

사마중달은 싸움에 대해서는 일체 언급하지 않고 제갈공명의 일상생활에 대해서 물었더니 사자는 이렇게 대답했다.

"승상께서는 아침 일찍 일어나고, 밤에는 늦게 잠자리에 들며, 태형 스무 대 이상의 형은 모두 자신께서 조사하십니다. 식사는 아주 조금밖에 드시지 않습니다."

사자가 돌아간 다음 사마중달은 이렇게 말했다.

"공명의 몸은 쓰러진다. 오래가지 못할 것이다. 아군의 승리는 이제 의심할 여지가 없다."

긴 유성遊星이 제갈공명의 병영 근처에 떨어진 것을 사마중달이 보고 말한 것은 그보다 조금 전의 일이었다.

05
도의道義,
가치변혁기의 행동지침

위험한 '큰 나무 그늘' 지향

앞날이 불투명한 시대에 흥미로운 점을 든다면, 지금 하고 있는 일이 진짜 해답이 되고 있는지 어떤지 알지 못하는 데에 있다. 그렇다고는 하나 비록 바른 해답을 찾아가고 있는지 어떤지 분명치 않더라도 그렇게 하지 않으면 자멸할 우려마저 있기 때문에 살아남기 위해서는 최선이라고 생각되는 일을 할 수 밖에 없다.

"천하는 귀歸를 같이 하지만, 길은 달리 한다."

그런 의미에서 『역경易經』에 있는 이 말은 혼미의 시대에 사는 사람들에게는 매우 마음 든든한 가르침일지도 모른다. 천하의 도리가 귀착하는 곳은 같지만, 다만 도중의 수단이나 방법이 다를 뿐이다. 거기에서 전轉하여 진리는 하나지만, 거기에 이르기까지의 사고방식은 여러 가지라는 것이다.

시대상황이 명확치 못한 요소가 강하므로, 오늘날 이것이 올바른 방침이라고 단언할 수는 없다. 그렇기 때문에 경험행동도 암중모색의 상태이며 본업 이외에 이것저것 손을 뻗어 보기도 하고, 어떤 새로운 사업의 기회는 없을까 하고 생각이 많아진다. 또 기업조직은 일종의 운명공동체이므로 부문에 관계없이 오늘의 양식, 내일의 희망을 꾸려나가도 좋은 것이다. 다만 운명공동체적인 요소가 짙다고는 하더라도 완전한 운명공동체가 아닌 것이 기업조직이다. 특히 난세나 혼미의 시대에서는 구성원 개개인이 각기 자기의 생존을 생각하고 있다.

태평성대라면 '큰 나무 그늘'을 찾으려고 한다. 또 경기가 좋지 않다든가, 오늘날 같이 불투명한 상황에서도 그런 바람은 의외로 뿌리가 깊다. 그렇지만 잘 생각해 보면 너나할 것 없이 '큰 나무 그늘'만 찾으려고 한다면 조직이 활성화될 수 없다. 남에게 책임을 전가시키고 자기일신의 안전만 꾀하게 되고 만다.

그렇게 되면 이미 운명공동체니 하는 '미사여구'는 통용되지 않는다. 패전 직전에 부하에게 책임을 전가하고 자기만 살아남으려는 상관이 있듯이, 인간으로서의 긍지를 잃은 무리들이 활개를 칠지도 모르는 것이다. 지금 이처럼 혼미한 시대상황에 있어서는 '큰 나무 그늘'만 찾는 인간은 쓸모없는 존재에 지나지 않는다.

개인이나 조직으로서의 인간집단이나 '악화가 양화를 구축한다'는 그레샴의 법칙과 마찬가지로 어딘지 '악화'에 편드는 면이 있게 마련이다. 편하게 지내고 싶다, 곤란한 일에서 벗어나고 싶다는 심리가 작용하는 것이다. 그런 요소는 인간으로서의 약점이며, 누구나가 지니고 있는 것이라지만 이런 시대 상황에서는 허용되지 않는 일이 아닐까.

앞날이 불투명하고 국면이 매우 어려움에도 불구하고, 바른 해답을 찾아 여러 가지로 노력해야 함이 지금 기업조직에게나 개인에게나 요구되고 있다. 다만 한 가지 말할 수 있는 것은, 무능한 주군이라면 부하 편에서 떠나 버리는 것이 난세의 관례이다. 기왕이면 '큰 나무 그늘' 지향이 있는 한편, 역 채용(사람이 기업이나 경영자 등을 고른다)의 경향이 강해지고 있음을 알아 둘 필요가 있다. 잇달아 모험기업(벤처 비즈니스)이 생겨나는 것도 그 증거이다. 조직에 있어서의 인간관계가 중요시되는 것은 단순히 능률화나 효율화의 문제만은 아닌 것이다.

참고로 삼아야 할 제갈공명의 자세

바른 해답을 구하기 위한 수단, 방법은 가지각색이다. 더구나 가치변혁기이고 보면 종래와 같은 사고방식이나 행동방식에 구애되지 않고 자유로운 발상에 의거한 전개가 가능하다. 그러나 다른 측면에서 보면 선택지選擇肢가 너무 많아서 반대로 곤혹에 빠져 자유롭게 행동할 수가 없게 되는 면도 있을 수 있다. 또 확고한 신념이 없으면, 표면적인 것에 사로잡혀 본래는 그다지 필요하지 않음에도 불구하고, 그것을 시대에 적합하다는 새로운 방법이라고 착각하는 수도 있다.

시대가 혼미의 도를 더해감에 따라 바른 해답을 구하기는 점점 어려워지고 있다. 그것은 주체이어야 할 인간성이 부재不在인 경우가 되기 쉬운 면도 있기 때문이고, 또 스스로 자신의 행동에 대한 신념이 없기 때문이라고도 할 수 있다.

삼국지의 시대는 현시대처럼 여러 가지 장식물로 치장하지 않았기 때문에 인간행동의 기본적인 원리가 여실히 그들의 삶에 나타나 있다. 하물며 미증유未曾有(지금까지 한 번도 있어 본 적이 없음)의 난세였다. 은둔하는 것도 자유였고, 반대로 천하에 패권을 외치는 것도 자유인 시대였다. 사람이 살아가는 데 있어서 바른 해답 따위는 찾을 길이 없는 환경에 놓여 있었다고 할 수 있겠다.

그런 삼국지의 시대에 활약한 인물은 그야말로 무수하다. 그중 오늘날 인간의 생활태도나 또는 사고방식, 행동을 통해서 공감을 느끼는 인물도 그중 많을 것이다. 제갈공명도 인기가 높은 인물 중의 한 사람이었다. 좋은 참모였으며, 또 보좌역으로서의 활동도 충분했다. 그 위에 고결한 사람이라는 이미지가 후세 사람들로부터 많은 사랑을 받았던 이유였다.

삼국지의 편자인 진수는 제갈공명에 대해서 다음과 같은 평을 했다.

"재상으로서의 공명은 백성을 자상하게 보살피는 한편, 그 지켜야 할 규범을 보였으며, 관직을 정리하고 법제에 의거해서 성심성의로 공평한 정치를 항상 명심했다. 충성을 다해 나라에 공헌한 사람은 전에 원수가 되었던 사람이라도 반드시 상을 주고, 한편 법을 어기고 직무에 태만한 사람은 친척이라 할지라도 반드시 벌을 주었다. 또 지은 죄에 대하여 형벌을 복종하고 받으며, 잘못을 뉘우치는 사람은 중죄인이라 할지라도 용서하고, 반대로 죄를 범했으면서도 말로 발뺌하려고 하는 사람은 가벼운 죄라도 극형에 처했다. 착한 일을 한 사람에게는 어떤 사소한 일이라도 상을 주고, 나쁜 일은 아무리 가벼운 죄라도 벌을 주었다. 또 맡은 일에 걸맞은 실적을 요구하고 허위의 신고를 용서하지 않았다. 그 결과 엄격한 자세를 일관하면서도 사람들의 원한을 사지 않았던 것은 공평무사하고 상벌의 구분이 분명했기 때문이다."

그리고 진수는 이렇게 결론지었다.

"치治를 아는 양재良才, 관管, 소簫의 아필牙筆(상아로 대를 만든 붓)이라고 할 수 있다."

다시 말해서, 제갈공명은 정치의 요체를 알고 있었던 유능한 인물이며, 관중이나 소하(한나라의 초대 재상)에 필적하는 명재상이라는 것이다.

오늘날의 세상에서도 이 제갈공명과 같은 인물이 있을지 모른다. 조직의 임원으로서 요직에 있는 사람에게는 이 제갈공명의 자세만이라도 참고로 해주었으면 하는 바이다.

강한 사명감에 의거한 행동

제갈공명의 생활태도를 사업의 세계에 그대로 옮기려면 무리가 있다는 것은 두말할 것도 없다. 그러나 직무에 대한 자세나 인망이라는 것을 생각했을 경우, 공명의 자세는 참으로 시사하는 바가 크다고 할 수 있다.

시대가 순조롭다면 여러 가지 면에서 여유가 있으므로 오히려 이런 자세를 일관하기가 쉬울지도 모른다. 하지만 그 당시는 전란이 끊일 날 없는 난세였다. 한나라 왕조라는 국가의 중심 기둥이 무너짐으로써 종래의 가치관만으로는 대처할 수 없는 시대가 되어 있었던 것이다. 그런 시대 상황 속에서 엄격한 인물로서 두려움의 대상이 되면서도 한편으로는 경애를 받고 있었다는 것은 제갈공명이라는 인물이 위대했기 때문일 것이다. 또 그것은 지금도 본받아야 할 일이라고 할 수 있다.

공명의 일상생활은 검소했다고 한다. 출진에 즈음하여 유선에게 다음과 같은 상주(말씀을 아뢰는 일)를 했다.

"신은 성도成都에 뽕나무 팔백 그루와 메마른 논밭 십오 경頃을 가지고 있으며, 이것으로 가족의 의식衣食은 충분합니다. 신 자신에 대해서는 원정군의 책임자로서 일상생활에 필요한 물건이나 의식은 모두 국가에서 지급하고 있습니다. 그러므로 특별히 사재私財를 늘릴 필요는 없습니다.

신이 죽었을 때 축적한 여분의 재산이 있거나 해서 폐하의 신뢰에 대해서 배반을 하는 일은 하지 않습니다."

멸사봉공滅私奉公(개인의 욕심을 버리고 공공의 이익을 위해서 힘씀)이다.

요즘 세상에는 이런 제갈공명과 같은 생활태도는 찾아보기 힘들 뿐 아니라 인기가 없을는지도 모른다. 하지만 이러한 태도는 공명이 특히 '의'를 존중하는 인물이었다는 점과, 유선과 유비가 자기를 중용해준 데 대한 강력한 보은의 생각이 있었기 때문에 가능했다고 생각한다.

놀라운 것은 실제 제갈공명이 죽은 뒤 조사해 보니 정말로 자신이 말한 대로의 상태였다고 한다. 보좌역으로서 이만큼 청렴결백하고 탁월한 인물은 그리 많지 않을 것이다.

위나라나 오나라에 비해서 공명이 섬긴 촉나라는 인재 면에서 뒤떨어지는 바가 있었지만, 그 열세를 보충하고 그 두 나라와 어깨를 나란히 할 수 있었던 것은, 제갈공명이라는 걸출한 인물이 있었기 때문에 가능했다.

한나라 왕실의 재흥이라는 대망을 품고 있었던 제갈공명은 유비라는 '명마'를 얻어 그 목적을 향해 질주했다. 유비가 죽은 후에도 그 아들 유선을 잘 도와 전력을 경주했다. 모든 일을 스스로 처리하고, 국정의 구석구석까지 신경을 쓴 것은 두말할 것도 없다. 그런 의미에서 제갈공명은 하나에서 열까지 자기가 훑어보지 않으면 납득하지 못하는 타입의 사람이었다고 할 수 있다.

사무관직에 있는 양모라는 사람이, 스스로 장부를 조사하고 있는 제갈공명을 보고 간언한 일이 있었다.

"재상에게는 재상으로서의 역할이 있지 않습니까? 아랫사람이 해야 할 일까지 몸소 처리하고 계시면 몸이 견디지 못합니다."

그러나 제갈공명은 평생 그 태도를 바꾸는 일이 없었다고 한다.

오늘날처럼 역할분담이 명확하고, 책임 범위 내에서 일을 처리하면 되는 시스템으로 본다면, 제갈공명과 같은 타입의 사람은 조직의 일원으로서는 실격이라고 할 수 있을지도 모른다. 그 당시에는 그렇게까지 철저하게 할 필요가 있었을지는 모르겠지만, 그렇게 하지 않을 수 없었던 것은 제갈공명에게 강력한 사명감이 있었기 때문임에는 틀림없다.

반대로 말하면 요즈음 기업조직에 이와 같은 애사심과 사명감을 가진 사람이 얼마나 될까 하고 생각해 볼 때, 그 존재가 갖는 귀중함과 또 그 자세에서 배울 점이 많다는 것을 새삼스럽게 통감한다.

죽은 공명이 산 중달을 달아나게 하다

제갈공명은 다섯 번이나 위를 토벌하고자 군사를 일으켰다. 마지막 두 번에 걸친 공격의 정면에 버티고 선 것은 위나라의 대장군 사마중달이었다.

위나라군은 철저하게 지구전 전술을 취했는데, 원정군인 촉나라군으로서는 군량 보급문제 등의 이유로 이 지구전 전술이 매우 불리한 상태였다. 그런 이유로 공명은 자주 사마중달을 도발했지만, 상대는 그 책략에 속지 않고 오로지 수비만 견고하게 하고 있을 뿐이었다. 백여 일에 이른 지구전 끝에 결국 꼼짝 못하게 된 공명은 오장원五丈原에서 병사病死하게 된다. 이때 공명의 나이는 쉰 넷이었다.

총지휘관이 죽었으므로 작전은 처음부터 다시 세워야만 했다. 제갈공명의 부하들은 군을 통합해서 철수하기 시작했다. 촉나라 군대가 철수한다는 전갈을 받은 사마중달은 즉각 추격을 시작했다. 먼 곳에서 온 피폐한 적이 퇴각하는 것을 치기는 매우 쉬운 일이며, 사마중달은 이 기회를 노리고 있었던 것이다.

그때 촉나라 군의 강유가 제갈공명으로부터 작전을 전수받아 깃발의 방향을 위나라군 쪽으로 돌리고, 출격의 북을 올리면서 마치 반격하려는 듯한 태세를 취했다. 허를 찔린 것은 사마중달이었다. 추격전이라면 단번에 상대를 짓밟을 수 있지만 정면으로 맞부딪치면 그렇게 간단히 승리를 거둘 수는 없다. 그래서 황급히 군사를 되돌려 도망친 다음, 다시는 촉나라 군사에게 접근하려 하지 않았다.

"죽은 공명이 산 중달을 달아나게 했다!"

사마중달이 퇴각한 다음, 그 고장 사람들은 입을 모아 이렇게 말했다고 한다.

어떤 사람이 이 이야기를 사마중달에게 전했더니 그는 쓴 웃음을 지으면서 이렇게 말했다.

"살아있는 인간이라면 계략도 쓸 수 있지만 죽은 사람을 상대로 해본들 무슨 소용이 있겠는가."

그런 뒤 촉나라 군사가 포진했던 자리를 둘러 본 사마중달은 그 훌륭함에 놀라 무의식중에 감탄을 했다고 한다.

"공명은 과히 천하의 기재奇才로다!"

촉나라로서는 제갈공명은 무엇과도 바꿀 수 없는 인재였다. 삼국 중 하나로서 위나라나 오나라와 대립할 수 있었던 것도 뛰어난 군정가인 공명이 있었기 때문이다. 그 밖의 인재로서는 장완이나 비위 같은 인물도 있었지만, 제갈공명이 빠진 구멍을 메우기에는 역부족이었다.

제갈공명이 죽은 후, 촉나라는 차츰 쇠퇴하기 시작하여 결국 30년 후에 멸망하고 말았다. 한 사람의 유능한 인재가 얼마나 큰 존재인가를 제갈공명의 죽음은 훌륭하게 증명하고 있다고 할 수 있겠다

멸사봉공滅私奉公(개인의 욕심을 버리고 공공의 이익을 위해서 힘씀)이란, 현재의 시점에서는 생각지도 못할 일이다. 굳이 들추어내자면 독직사건瀆職事件(어떤 직책에 있는 사람이 그 지위나 직권을 남용하여 부정한 행위를 저지르는 것)에 관련된 사람이 증거 인멸을 위해 자살함으로써 누累가 회사의 상층부로 확대되지 않도록 하겠다는 정도이다.

목숨을 걸 정도의 각오가 있다면, 달리 공공의 이익을 위해서 할 수 있는 일은 얼마든지 있다. 그러나 그걸 바란다는 것은 대체로 '죽은 자식 나이 세기'와 같은 것일지도 모른다.

혼미의 시대, 올바른 해답을 얻기 위한 수단과 방법은 여러 가지가 있다. 어떤 방법을 쓰건 그것이 바른 것이라면 최종적으로 도착하는 곳은 같다고 할 수 있다.

난세에서는 남이 아무리 뭐라고 할지라도, 또 종래의 가치관으로 보면 우스꽝스러운 것일지라도, 하나의 '줄기'를 관철하는 것이 중요하며, 성공을 가져오는 요인이라고 할 수 있는 것이다.

삼국지가 묘사하는 제갈공명이라는 인물은 너무나도 높은 존재로 보일는지 모르지만, 그 살아가는 자세를 배우지 못할 바는 아니다. 특히 조직의 중책을 맡은 임원이나 관리자들에게 있어서 배우기에 족한 인물 중 대표적인 존재라고 해도 과언이 아닐 것이다.

06
무력적 침략과
인자仁者의 병兵

입촉入蜀을 망설인 유비의 심중

『맹자』에 나오는 말이다.

"의義를 돌리고 이利를 앞세우면, 빼앗지 않고는 만족하지 않는다."

즉, 군주가 도의道義보다 이익을 중시하면, 상하가 서로 이利를 취하려는 나머지 상대방의 것을 모조리 빼앗지 않으면 만족하지 못한다는 뜻이다.

삼국지 시대에 있어서는 오늘날과는 달리, 보다 자유분방하게 힘을 바탕으로 하여 '침략'을 한 것으로 생각될지도 모른다. 하지만 반드시 그렇다고만 단언할 수 없는 면이 있다.

예컨대, 유비가 촉나라로 들어간 사례를 보자.

촉나라는 익주益州 중에서 '천부天府'라고 불렸던 큰 분지로, 거칠고 험한 자연 지형 덕택에 중원이나 강남에서 펼쳐졌던 싸움과는 동떨어진 별천지 같은 느낌을 주는 곳이었다. 그곳을 다스리고 있었던 이는 유장이었다.

그런 안정된 독립군과 같은 촉나라에 눈을 돌린 이가 유비와 손권이었다. 선수를 친 것은 손권이었으며, 그는 유비에게 공동작전을 펴서 촉나라를 공격하자고 권유했다. 그러나 유비는 자신도 그럴 뜻이 있었으므로 손권의 권유를 거부하면서, 촉을 공략하려는 손권의 군사가 자기 영토를 지나가는 것을 허락하지 않았다.

그런데 촉나라의 북부인 한중韓中을 일찍부터 지배하고 있었던 이는 장로라는 사람이었는데, 적벽에서 크게 패한 조조가 다시 힘을 길러 토벌을 위해 군사를 한중으로 진격시키는 사태가 발생했다. 놀란 유장은 부하인 장송의 진언을 받아들여, 조조의 원수가 되어 있는 형주荊州의 유비와 동맹을 맺기로 했다. 사자로 나선 이는 법정이라는 인물이었다. 이 법정과 장송은 그 전부터 주인인 유장에게 불만을 품고 있었으며, 유비를 촉나라 주인으로 맞이하려는 계획을 꾸미고 있었다.

유비를 찾아간 법정은, 사자로서 인사를 나눈 다음 그들의 계획을 털어놓았다.

"장군(유비)의 영재英才로서 나약한 유장을 끌어들이는 것쯤은 쉬운 일입니다. 더구나 유장이 크게 믿고 있는 장송이 언제든지 내응할 준비도 갖추고 있습니다. 성공하면 풍부한 생산물을 손에 넣을 수 있고 천연의 요해지를 이용할 수도 있습니다. 손바닥을 뒤집듯이 대업을 달성하실 수 있습니다."

유비는 법정의 이야기에 차분히 귀를 기울이고 정중하게 대접했다. 장송과 법정이 전해준 정보로, 유비는 촉나라의 지령은 물론 무기와 창고, 인마의 수, 나아가 각 요충 간의 거리에 이르기까지 모든 것을 파악할 수 있었다. 북쪽으로부터 조조의 압력에 흔들리고 있던 유장을 이 기회에 단숨에 쫓아버리고 촉나라를 빼앗을 기회가 굴러들어온 것이었다. '삼분지계'를 실현할 수 있는 다시없는 기회가 온 것이었다.

하지만 유비는 망설였다. 촉나라를 손에 넣고 싶은 것은 두말할 것도 없는 일이었다. 하지만 그것은 동족인 유장을 치는 것이 된다. 이 점 때문에 유비는 주저했던 것이다. 꺼림칙함을 떨쳐버릴 수 없었다. 주인의 그런 마음을 결단시키고자 방통이 다음과 같이 진언했다.

"이곳 형주는 전화戰火로 몹시 황폐해져서 사람도 물자도 바닥이 난 상태에 있습니다. 더구나 동쪽으로는 손권, 북쪽으로는 조조가 있는 만큼 이곳을 본거지로 해서 삼국정립의 전략을 실현하기는 어렵습니다. 반면에 촉나라는 물자도 풍부하고 또 민생도 안정되어 있으며, 인구도 백만이 넘고 군비도 충실합니다. 외부로부터 물자를 수입할 필요도 없습니다. 이번 기회에 꼭 촉나라를 빌어서 큰 뜻의 실현을 꾀해야 합니다.

대의명분을 잃지 않고 촉나라를 얻다

그러나 유비의 의견은 달랐다.

"지금 내가 겨루고 있는 것은 조조다. 조조가 성급한 행동으로 나온다면 나는 느긋하게 나가겠다. 그가 무력으로 억압하면 나는 인정仁政으로써 대한다. 또 그가 술책을 쓴다면 나는 성실함으로 대하리라. 항상 조조와 반대되는 방법을 씀으로써 내 목적은 이루어지는 것이다. 쓸데없는 수단을 구사하여 천하의 신의를 잃는 일은 내가 바라는 바가 아니다."

그렇지만 방통은 단념하지 않고 유비를 설득했다.

"임기응변으로 일을 처리해야 할 때에 그런 판에 박힌 사고방식으로는 성공을 꾀할 수 없습니다. 약한 자를 병탄倂呑(남의 재물이나 다른 나라의 영토를 한데 아울러서 제 것으로 만듦)하고, 어리석은 자를 공격하는 것은 패자가 늘 쓰는 방법입니다. 비상수단을 써서 천하를 빼앗더라도 나중에 선정을 베푸는 방법으로 유장에게 의로써 대하면 되는 것입니다. 그렇게 하면 신의에 어긋나는 일이 아닙니다. 지금 촉나라를 취하지 않으면 굴러온 어부지리漁父之利를 놓치고 맙니다."

역취순수逆取順守, 원문에는 이렇게 되어 있다. 역逆, 즉 비상수단에 의해서 천하를 취하고, 순順, 즉 정당한 방법으로 그것을 지킨다는 것이다. 은殷나라의 탕왕湯王, 주周나라의 무왕武王은 모두 신하의 몸이면서 쿠데타로 왕위를 찬탈했으나 나중에 훌륭한 임금으로 칭찬받았다. 요컨대, 결과가 좋으면 모두 좋다는 것이며, '이기면 충신, 지면 역적'이라는 말과는 뜻이 좀 다르나 자기정당화를 위한 논리이다.

유비는 이런 방통의 설득을 받아들여 제갈공명과 관우에게 형주의 수비를 맡긴 다음, 보병 수만 명을 이끌고 서기 211년 촉나라로 쳐들어갔다. 그는 일을 서두르지 않았다. 장송의 밀명을 받은 법정이 방통을 찾아가서 유장의 암살을 권했을 때도 응하지 않았다.

"이것은 매우 중대한 일이다. 성급히 굴면 안 된다."

입촉을 결의한 단계에서 촉나라를 탈취할 것을 결심했으면서도, 유비는 유장과의 우호관계를 계속 유지했다. 물론 암살을 권고받았을 때도 '서두르면 안 된다'고 했던 만큼 본심은 유장 암살을 반대하지는 않았으며, 역시 때가 오기를 기다리고 있었던 것이다.

유비가 본심을 드러내고 행동으로 옮긴 것은 촉나라로 들어간 이듬해의 일이었다.

서기 212년 7월, 조조가 손권을 공격하기 시작한 것이 계기가 되었다. 손권은 동맹관계에 있던 유비에게 구원을 요청했다. 이 요청을 받은 유비는 즉각 유장에게 사자를 보냈다.

"조조의 공격으로 오나라는 위기에 빠져 있습니다. 손씨가 망하면 이쪽도 망합니다. 내 심복인 관우도 청니靑泥에서 조조의 부장 악진의 공격을 받고 있습니다. 구원하지 않으면 악진은 대승할 것이며 그 여세를 몰아 익주益州의 국경을 침범하게 될 것입니다. 장로張魯는 제쳐놓고 우선 이쪽부터 막는 것이 선결 문제입니다. 부탁컨대 병사 일만 명과 군용 물자를 빌어서 형주로 향하고자 합니다."

유비의 요청에 대해서 유장은 승낙하기는 했으나, 병사는 사천 명, 물자는 반밖에 주지 않았다. 이에 유비는 격노하여 부하들 앞에서 분노를 터뜨렸다.

"익주益州를 위해 대적을 치겠다는 것이다. 내 부하장병들은 밤낮을 가리지 않고 싸우고 있는데, 유장이란 놈은 쩨쩨하게 굴면서 보답하려 않는다. 그런 판국에 어찌 목숨을 걸고 싸울 기분이 나겠는가."

한편 성도成都에서 유비의 도착을 기다리고 있던 장송은 뜻하지 않은 사태에 놀라서, 형주로 철수하겠다는 유비에게 번의飜意(먹었던 마음을 뒤집음)를 촉구하는 편지를 보냈다.

그러나 그때 장송의 형인 장숙이 자기 몸에 누가 미칠 것을 두려워한 나머지 유장에게 일의 전말을 알렸다. 그 때문에 장송은 체포되어 사형을 당하였으며, 그 이후 유장과 유비와의 우호관계는 결정적으로 악화되었다.

'인자仁者의 병兵'이란 무엇인가

이 일을 계기로 해서 유비는 촉나라를 수중에 넣게 되었다. 이렇게 되는 동안 다음과 같은 일화가 있다. 유비가 적의 처자식을 인질로 잡은 다음 부수관部水關으로 진군해서 본거지로 삼았을 때의 일이다. 부수관에서 유비는 승전 축하연을 벌이고 있었다. 연회가 바야흐로 한창일 때 유비는 방통을 향해 말을 걸었다.

"오늘의 축하연만큼 유쾌한 것은 없구나."

그러자 방통은 고개를 저으면서 이렇게 말했다.

"다른 나라를 토벌한 것은 기쁜 일이 아닐 것입니다. 그것은 인자仁者의 병兵이 아닙니다."

어지간히 취해 있던 유비는 방통의 말에 화를 벌컥 내며 호통을 쳤다.

"무왕武王이 주紂를 쳤을 때도 크게 잔치를 벌이지 않았던가. 인자가 아니라니, 그게 무슨 말인가. 쓸데없는 소리 말고 물러가라!"

방통은 더 할 말이 있는 것 같았으나 그대로 자리에서 물러나갈 수밖에 없었다. 잠시 후에 유비는 방통을 다시 불렀다. 자리에 앉은 방통은 사과는커녕 태연히 술잔을 기울이고 있었다. 이윽고 유비가 다시 말을 걸었다.

"아까 일은 어느 쪽에 잘못이 있었는가?"

이 말에 방통은 이렇게 대답했다.

"군신이 함께 실수했습니다."

순간 유비는 큰 소리로 웃음을 터뜨렸고 연회는 다시금 무르익어 갔다.

이 일화는 여러 가지 일을 생각하게 한다. 우선 방통의 지적인데, 촉나라를 뺏는다는 책략은 책략이라 치더라도, 남의 나라를 침략하는 일을 본래부터 좋게 생각하는 사람은 없다는 것이다. 힘으로써 남의 나라의 평안을 어지럽힌다는 것은 '인仁'의 정신에서 벗어나기 때문이다. 그것을 유비도 알고 있었기 때문에 무왕의 고사를 꺼냈던 것이다.

이와 비슷한 상황이 오늘날의 사회에서도 일어날 수 있는 것이라고 본다면, 인간관계에 유연하게 대처할 수 있다. 대수롭지 않은 의견 차이가, 두고두고 인간관계에 나쁜 영향을 미치는 일은 흔하다. 그 사소한 의견 차이를 어떻게 수정, 회복하느냐 하는 것은 의외로 어려운 일이다.

사람과 사람의 관계, 또 나라와 나라의 마찰이라는 면에서 생각해 보더라도, 처음의 조그만 의견 차이가 시정되지 않고 남아 있기 때문에 두고두고 큰 문제로 발전하는 수가 적지 않다. 개인 혹은 국민으로서의 마음이라는 것이 남이 짐작할 수 없는 면도 있지만, 반대로 자기 자신의 문제라고 생각해 볼 때 그것이 어떤 것인지를 깨닫게 되는 때가 많다.

그런 점에서는 작금의 시대에서도 흔히 일어날 수 있는 일인 만큼, 때때로 역지사지易地思之의 마음으로 자신을 되돌아보면서 생각해 보는 것이 중요하다.

07
위기관리와
인간이 사는 방법

깊은 사려가 한결 요구되는 시대

'발본색원拔本塞源'이라는 말이 있다. 나무의 뿌리를 뽑고, 강의 원줄기를 막는다. 즉, 재앙과 환란의 원인을 근본적으로 제거한다는 것이다.

사람이란 이상한 동물이어서, 정체되거나 혼미에 빠지면 갑자기 기운이 없어지는 사람이 있고 그와 반대로 생기가 나는 사람도 있다. 오늘날과 같은 상황에서는 당연히 후자가 바람직한 것은 두말할 것도 없다. 그러나 그렇다고 해서 '발본색원'을 잊는다면 뜻하지 않는 함정에 굴러 떨어질지도 모른다.

위기관리는 어느 시대이든 간과해서는 안 되는 요체의 하나이다. 옛날부터 그 교훈을 잊고 있었기 때문에 수많은 유능한 인사가 좌절의 쓰라림을 겪었던 것이다. 특히 시대가 순조로울 때는 모르겠지만 역경이라고 일컫는 상황일수록 위기에 대한 대비에는 각별히 신경을 쓸 필요가 있다.

현재의 상황은 적극 과감하게 행동하지 않으면 안 되지만, 그렇다고 해서 저돌적으로 맹진만 한다고 유익해지는 것은 아니다. 적극적인 행동이 요망되기는 하지만 그런 한편 깊은 사려가 요구된다. 물론 이러한 자세는 어떤 시대에도 요구되는 성질의 것이지만, 오늘날만큼 그것이 요구되는 때는 더더구나 없었다.

요즘에 와서 업계를 재편하는 거센 바람이 여러 가지 업종에 휘몰아치고 거기다가 종래의 업종으로는 버티지 못하는 기업이 잇달아 생겨나고 있다. 게다가 외국과의 무역 마찰마저 심각해지고 있는 만큼 시대가 심상치 않은 상황에 직면하고 있다는 것은 명약관화하다.

어디가 다쳐서 상처가 나면 약을 바르거나 싸매주면 되지만 너무 상처가 깊어서 도려내든지 잘라내야 하는 수술을 받아야 할 때도 있다. 지금 현시대의 조직에서는 구조조정이라 하여 많은 인력을 감축하고 손실이 있는 사업 분야와 업종을 정리하는 수술을 단행하고 있다. 그로 인해서 많은 사람이 하루아침에 직업을 잃게 되는 것은 물론이고 생계걱정과 지역경제의 침체 그리고 노사갈등과 일자리의 부족 등 줄줄이 도미노현상을 일으키며 영향을 받고 있는 실정이다

하나하나를 바라보면 단순한 시대의 변천에 따라 일어나는 현상처럼

생각되지만, 그런 변모는 같은 뿌리에서 돋아나고 있는 것이다. 다시 말해서 커다란 지각변동이 일어나고 있다고 할 수 있다.

이런 상황에서는 예사로운 발상으로의 근본적인 타개책은 떠오르지 않으며, 종래와 같은 행동방식으로는 진정한 효과를 올리기는 어렵다. 고정관념에 사로잡히는 일 없이, 우선 자유로운 관점에서 사물을 보고 분방하게 행동해 보는 유연성을 발휘하는 것이 무엇보다 중요하다고 할 수 있다. 이러한 때에 지혜로운 위기관리 능력이 없으면 아무리 유효한 발상과 착상이라 할지라도 '밑 빠진 독에 물 붓는' 격이 되고 말 것이다.

제갈각의 오산

삼국지에 있어서 걸출한 인물로 알려진 이는 촉나라의 유비와 유선을 충심으로 보좌한 제갈공명이 있지만, 그 제갈공명의 조카로 제갈각이라는 인물도 있다. 제갈각의 아버지인 제갈근은 오나라의 손권에게 중용되어 만년에는 대장군이 되었다. 그러므로 제갈각은 태어나면서부터 명문의 자제였던 것이다.

손권이 임종할 때 어린 후계자의 보좌역으로 누가 좋겠는가 하고 중신들과 상의하게 되었을 때 손준이 여러 사람의 의견을 대표해서 제갈각이 적임자라고 말했다. 하지만 처음에 손권은 고개를 끄덕이지 않았다. 이유는 제갈각은 고집이 세고 다른 사람의 의견에 귀를 기울이지 않는 점이 있었기 때문이다. 그러나 손준은 제갈각을 빼고는 적임자가 없다는 것을 거듭 말하며 물러서지 않았다. 결국 제갈각이 천거되어 불려오게 되었다.

손권은 제갈각을 침전으로 불러들인 후 '내 명은 이제 길지 않다. 앞으로의 일은 모두 그대에게 맡기노라'고 말하니 그 말을 들은 제갈각은 자신도 모르게 눈물을 흘리면서 이렇게 말했다.

"저희들은 모두 폐하의 두터운 은혜를 입어 왔사옵니다. 목숨을 걸고 폐하의 말씀을 따를 각오입니다. 아무쪼록 폐하께옵서는 요양에 전념하시기 부탁드리옵니다."

서기 252년 손권이 죽은 다음, 제갈각은 국정의 전권을 위임받았는데, 어린 황제의 즉위와 더불어 첩보기관과 검찰제도의 폐지 및 부채의 면제, 물품세의 철폐 등 시책을 잇달아 펼쳤다. 이것은 분명히 인기를 얻기 위한 정책이었다. 그 때문에 민중은 크게 기뻐했으며, 제갈각의 새 정권은 순조로운 출발을 보일 수 있었다.

그런데다가 같은 해인 서기 252년 겨울, 오나라가 상중喪中임을 틈타 공격해 온 위나라의 대군을 동흥東興에서 맞아 싸운 제갈각이 오군을 격파했기 때문에 인기 면에서 뿐만 아니라 실적 면에서도 크게 그 이름을 떨쳤다. 하지만 제갈각은 위기관리 면에서는 결여된 부분이 있었다. 그는 위나라 군대를 격파한 끝에 위나라의 무력을 과소평가한 과오를 범했던 것이다.

적극적인 행동을 일으킬 때는 반드시 그에 따른 위기관리를 생각해야 한다. 다시 말해서 객관적이고도 올바른 상황판단이 필요하다. 그런데 해가 바뀌자 제갈각은 바로 출동준비에 착수했다. 이렇게 자주 일을 벌이면 쓸데없이 군대를 피폐시킬 뿐이라는 중신들의 반대에도 불구하고 제갈각은 조금도 고집을 꺾지 않았다. 손권이 걱정한 바가 현실이 되어 나타났던 것이다.

반대론을 무시한 제갈각은 동원령을 내리고 전국에서 이십만 명의 장정을 징발했다. 이런 강압적인 방법이 민중의 반발을 사지 않을 리가 없으련만 그는 자신의 생각에 따라서 일을 추진시켰다. 그로 인해 제갈각에 대한 지지가 크게 흔들리기 시작했다.

처음 얼마 동안 오나라 군은 무위를 떨쳤다. 하지만 오래 끄는 싸움에 병사들의 피로가 심해지고 병으로 쓰러지는 사람이 속출하기 시작했다. 이런 사실은 곧바로 제갈각에게 매일 보고가 되었지만 그는 각 부대 담당관의 보고를 전적으로 거짓말이라고 단정 짓고 심지어는 담당관을 칼로 베려고까지 했다. 또 채림이라는 참모는 자주 작전계획을 진언했지만 거의 수용되지 않았다. 그 때문에 채림은 오나라군을 단념하고 위나라군에게 투항하고 말았다.

내부에서 붕괴가 시작된 것이었다. 이런 상황을 알아차린 위나라는 연달아 증원부대를 보내 왔다.

결국 오나라 군에게 남은 것은 수많은 부상병을 안은 채 단행해야 하는 어려운 철수였다. 그것은 마치 후세에 러시아에 침공한 나폴레옹이 작전의 잘못으로 '동장군' 앞에서 부득이 철수하지 않을 수 없었던 처참한 경우를 당한 것과 같은 것이었다.

해결책은 '사람'이다

이 패전으로 제갈각의 인기는 뚝 떨어지는 동시에 심한 비난을 받는 결과가 되었다. 그리고 1년도 되기 전에 제갈각은 국정을 총람總覽하는 입장에서 실각하게 된다. 즉, 근위군을 장악하고 있던 손준이, 이대로 가다가는 국가의 위기를 초래할 것으로 생각하고, 황제 손양과 의논한 끝에 제갈각을 주살誅殺시켰던 것이다.

위기관리를 잊어버린 제갈각은 본의 아닌 횡사를 하는 결과가 되고 말았지만, 후임자인 손준 또한 자신이 권력을 잡자 제갈각 이상으로 횡포를 부리다가 3년 후에 병으로 급서急逝하는 운명을 겪는다.

제갈각과 손준은 모두 발본색원은커녕 자기 자신이 중대한 위험인자가 되어 있었던 것이다. 권력의 자리에 오른 사람이 가끔 빠지기 쉬운 것을 이 두 인물의 행동에서 찾아볼 수 있다.

또 권력이라는 특수한 힘이 아니더라도 새로 어떤 일을 하려는 경우에는, 자기 자신이 놓여 있는 입장을 객관적으로 판단하고 인식해서 가능한 한 위험인자를 배제한 연후에 착수하는 것은, 행동으로 옮길 때의 원칙이라 할 수 있다. 그런 위기관리가 없으면 특히 난세인 경우에는 몸을 망치는 커다란 원인이 되는 것이다.

신규분야로의 진출이나 혹은 경영의 다각화만 하더라도 새로 일을 일으키는 것이므로 종래의 고정관념에 사로잡히는 것을 꺼리는 동시에, 확고한 위기관리가 필요한 것이다.

위기관리의 가장 큰 해결점이 되는 것은 '사람'이다. 기술이나 시스템 등 여러 가지 요소도 위험한 인자가 될 수가 있지만, 그런 것을 만들어내는 것도 사람이다. 기계적인 실수는 신변에서 흔히 볼 수 있듯이 그 대책은 비교적 쉽다. 그러나 유독 사람에 관한 경우의 위기관리는 대단히 어렵다. 특히 윗자리에 있는 사람일수록 스스로 경계하지 않으면 안 되는 일이 많다.

제갈공명과 제갈각은 아주 가까운 육친이었지만 그 생활태도를 살펴보면 천양지차다. 두 사람이 살아가는 자세는 그대로 위기관리의 차이라고 해도 과언이 아니다. 제갈공명은 수차에 걸친 위나라 토벌 전에서 눈부신 전과는 올리지 못했다. 그렇지만 그렇다고 해서 인심이 그를 떠나지도 않았고, 장병들의 사기를 고무할 정도였으며, 인망이나 명성이 떨어지는 일도 없었다.

난세였던 삼국지의 시대에는 무참하기 짝이 없는 상황이 참으로 많았으며 무수한 피를 흘려야만 했다. 오늘날은 현실적으로 피를 흘리는 일은 거의 없지만, 그에 못지않게 '보이지 않는 피'가 많이 흐르고 있다. 그

'피'를 흐르게 한 원인에서 눈을 돌려 버린다면 효과적인 위기관리를 할 수 없다.

『삼국지』에 나타난 그 수많은 상황 혹은 인물의 생활태도는 오늘날의 지식정보사회에 그대로 가져다 놓아도 어울리지 않는다고는 할 수 없을 것이다. 특히 사람들의 생활태도는 고금의 시간적 차이와는 관계가 없으며 지금의 사회에 시사하는 바가 크다고 할 수 있다.

또 의義나 도道가 삶을 살아내는 데 있어서 중요한 성공인자가 된다는 것도 이해하지 않으면 안 될 것이다.

태고 때부터 변하지 않는 원리

옛날부터 사람은 그때그때의 사정이나 형편을 보아 그에 알맞게 처신하거나, 처리해야 하는 문제해결에 뛰어나려고 부심해 왔다. 임기응변의 중요성을 뼈저리게 느끼고 있는 사람도 적지 않을 것이다. 다만 가치변혁기 혹은 혼미의 정도가 심한 시대에는 잔재주만의 문제해결로는 도저히 대응할 수 없는 면이 있다. 시대조류의 변모는 그런 것을 순식간에 없애버릴 수 있을 만큼 강력하기 때문이다.

사람이나 조직이 살아남기 위해서는 시대의 변화를 추월할 수 있는 튼튼한 의지가 필요하다. 그 의지는 궁극적으로는 사람이 사는 자세에 귀착된다. 바꿔 말하면 그 사람의 철학과 인생관 혹은 가치관과 밀접하게 관계한다.

사업이라고 하는 것은 전적으로 이익과 관계되는 것이긴 하지만, 그 주체가 되는 것은 어디까지나 사람이며, 그 인간의 자세가 국면의 전개 혹은 변화에 중요한 관계를 가지고 있다는 것은 누구나 아는 사실이다. 다만 일반적으로는 이해득실에 눈이 쏠려 있기 때문에 인적인 요소가 아무래도 잘 보이지 않는 수가 많은 것이다.

하지만 개인의 인간행동에 있어서는 자기를 포함해야 함이 가장 큰 요체가 되어 있다. 그 점을 잘 인식하고 있느냐 그렇지 않느냐가, 가치 있는 행동이 되느냐, 헛수고로 끝나는 결과가 되느냐의 분기점이 된다.

인간이라는 것은 참으로 약한 존재여서, 『삼국지』에 나타난 어리석은 행동과 다름없는 짓을 오늘날에도 되풀이하는 일이 흔하다. 옛 전철을 밟지 않아야 한다는 계율이 있음에도 불구하고, 몇 천 년 동안이나 같은 어리석은 짓을 되풀이하고 있다. 그런 점이 바로 인간다움의 증거가 아니겠느냐 하는 의견도 없지는 않겠지만, 그것은 어디까지나 남의 일인 경우에만 말할 수 있는 것이며, 자기 자신이 그런 잘못을 저질러도 좋다는 것은 아닐 것이다. 특히 오늘날처럼 미래가 불투명한 시대상황이고 보면 적어도 선인이 몸소 보여준 귀중한 위기관리를 배운다는 것은 매우 의미 있는 일일 것이다.

사람은 때때로 오늘의 상황을 어제의 연장선상이라고 생각하기 쉽다. 그러나 가치변혁기에 있어서는 질적으로 변화가 있다는 것을 알아야만

한다. 다만 그런 변모 속에서 달라지지 않는 것은 사람이다. 인간행동만은 태고 때부터 그 원리가 변하지 않은 채 오늘날까지 이어져 오고 있다. 그 원리가 살아있기 때문에 어려운 국면이나 가혹한 상황 속에서도 사람은 생존할 수가 있었던 것이다. 물론 그러한 행동원리를 그냥 넘긴 사람은 시대에 뒤떨어져 사라졌으며, 올바른 원리를 잘 알고 있었던 사람은 승자로서 살아남을 수가 있었다.

난세와 혼미의 시대를 살아나간다는 것은 쉬운 일이 아니다. 그저 오합지중鳥合之衆의 한 사람으로 살겠다면 문제는 다르지만 가치 있는 인생, 충실한 인생을 살고자 할 경우에는 그 나름의 노력이 필요하다. 그리고 그것을 위한 지혜가 『삼국지』에는 수없이 담겨져 있다. 그 지혜를 유의한 것으로 만들기 위해서는 평소에 스스로의 반성을 통한 성찰과 자기개발을 게을리하지 않는 일이 중요하다는 것을 진심을 담아 전하고 싶다.

08
'삼국지'에서
배우는 것

큰 목표를 향한 투혼

"군자대로행君子大路行"

『논어』에 나오는 말이다. 걷는 것이야 마찬가지라 할지라도 소로小路나 뒷골목을 가지 말고 당당히 대로를 걸어야 한다는 뜻이다. 즉 공명정대한 것을 의미하고 있다. 이는 군자 된 자의 신조라고 할 수 있다.

세상이 혼미하고 여러 가지로 시끄러운 분위기가 되면 사람들은 걸핏하면 소로나 뒷골목만을 찾게 된다. 도로가 정체되고 있을 때, 어디까지 정체되어 있는지 몰라서, 또는 짜증이 나서 적당한 옆길이나 샛길이 없을까 하고 신경을 쓰는 것과 같다. 자기 자신이 마치 재치가 있는 것으로 생각되는 사람일수록 그 짜증은 심하다.

하지만 낯선 고장에서는 옆길로 접어들어 아무리 서둘러도 결국엔 원래의 정체 지대로 되돌아 나온다. 경우에 따라서는 그보다 더 늦어 버리는 일도 생길 수 있다. 하긴 눈치가 빠르거나 운이 좋거나 하면 막힌 길에서 탈출할 수도 있을 것이다. 하지만 대개 다소 느리게 차를 몰게 되더라도 넓은 길로 가는 편이 훨씬 편할 때가 많다.

조직행동의 경우도 이와 비슷하다. 기책奇策, 기략奇略(상황에 알맞게 문제를 잘 찾아내고 그 해결책을 재치 있게 처리할 수 있는 슬기나 지혜)으로 기사회생을 노리는 수도 있지만, 그것은 어디까지나 강심제强心劑(쇠약해진 심장의 기능을 회복시키는 약)에 지나지 않으며, 그것을 중심으로 해보았자 그때뿐이지 잘 되지 않는다. 사업에 있어서도 왕도王道를 대신하기란 지극히 어려운 일이라 할 수 있다.

삼국지의 세계는 인간이 갖는 무한한 가능성과 살아간다는 멋과 인간관계의 불가사의함을 전해 주고 있다. 그와 동시에 사람이 살아가는 데 있어서 짊어지는 괴로움과 슬픔, 또 추악함 같은 것을 새삼스럽게 깨닫게 해준다.

산다는 것의 의미는 사람마다 각기 다르겠지만 거기에 나타나는 언행에서 어떤 공통된 패턴을 찾아볼 수 있다. 그 패턴을 다섯 가지 정도로 나누어 보면 다음과 같다.

① 자유분방형: 규칙이나 규범 따위에 구애받지 않는 타입

② 이상추구형: 현실을 벗어나 더 나은 세상을 추구하는 타입

③ 야심달성형: 마음속에 품고 있는 욕망을 충족하려는 타입

④ 자기집착형: 자신이 쌓아올린 체제에서 벗어나지 못하는 타입

⑤ 멸사봉공형 : 사사로운 감정을 버리고 조직의 공의를 위해 힘
쓰는 타입

여기서 쓰이고 있는 말은 일반적인 경우에 있어서의 나쁜 뜻으로 쓰인 것은 아니다. 야심이란 많든 적든 누구에게나 있으며, 그것이 행동의 활력원이 되는 수가 많다.

자기집착이라는 어감은 조직의 입장에서 보면 연약한 느낌을 줄지도 모르지만, 자신이 쌓아올린 성과에 집착한다는 것을 의미하기 때문에, 실제의 기업조직 속에서도 흔히 볼 수 있는 타입이라고 할 수 있다.

삼국지의 세계에서 활약한 인물을 기본적으로 다섯 가지 유형으로 나누어 보았다.(물론 현시대에는 사람의 성격을 분석하는 여러 가지 기법들이 등장해서 과학적으로 세세히 성향을 나누어 설명하며 학문을 이루고 있기도 함) 복잡한 감정을 가지고 있으며 살아가는 환경도 다르기 때문에, 명확하게 다섯 가지 유형으로 분류할 수 있는 것은 아니지만, 등장인물은 각각 어느 한 타입으로 분류할 수 있고, 또 거기에 따라 어떤 공감이나 반발이 있는 것도 사실이다. 다만 삼국지의 세계에 산 인물들은 그것이 이상의

실현을 위해서인가, 또는 야심의 달성을 위한 행동인가 하는 것은 차치하고, 적어도 모두 큰 목표를 향해서 그들의 삶을 연소시키고 있다. 누구나 할 것 없이 큰 투혼을 가지고 난세에 도전하고 있는 것이다.

혼미의 시대상황인 지금, 삼국지의 세계를 살았던 이들의 씩씩한 투혼에 본받을 점이 많을 것이다.

가치 있는 정보가 '삼단력'을 좌우

삼국지의 세계가 재미있는 것은, 선악의 평가는 차치하고 어떤 인물이든 누구 못지않은 '유능한 사람들'의 흥미 있는 인간행동이라 할 수 있다. 더구나 그것이 오늘날에도 크게 와 닿을 수 있는 이유는 그 시대가 그야말로 큰 전환기였다는 사실이다.

'그 시대와 현대는 다르다. 오늘날의 상황은 비교도 안 될 정도로 복잡하다'고 생각하는 사람도 있을 것이다. 확실히 사회의 상황이나 조직적인 행동이라는 점에서는, 현재와 삼국지의 시대는 커다란 차이가 있다. 하지만 조직이라는 것이 결국 인간의 집단이며, 개개인의 사고방식이나 행동방법은 기본적으로는 같다. 그 인간의 몸이 갖가지 '옷'을 입고 있는 것에 지나지 않는다.

사람은 강한 면이 있는가 하면, 약한 면도 있다. 대기업의 실력자라도 한 꺼풀 벗겨 보면 자유를 제약받으며, 일상생활도 마음대로 할 수 없는 상태에 놓여 있다. 그래서 젊은 사원들의 자유분방함을 부럽게 생각하는 경우도 적지 않을 것이다. 겉으로 표현을 하지 않을 뿐, 우리 모두의 자화상이기도 한 것이다. 이처럼 약한 면을 보이지 않으려고 필사적으로 허세를 부리고 있지 않으면 살아남을 수 없는 세상이 현시대라고 하면 너무 억측이라고만 할 것인가.

그것은 삼국지의 시대도 마찬가지였다. 실력을 발휘하지 않으면 안 되었다. 남에게 약점을 보여서도 안 되었다. 인망이 없으면 더더욱이 안 되었다, 남보다 뛰어난 판단력이나 실행력이 없으면 이 또한 안 되었다. 무려 1800년이라는 역사를 사이에 두고도 그것은 조금도 변하지 않고 지금까지 이어지고 있다.

오늘날 혼미한 시대에 대한 불안을 느끼고 있는 사람도 적지 않겠지만, 촉나라의 제위에 오른 유비의 예를 보더라도 어지러운 상황 속에서 그것을 수중에 넣었던 것이다.

인연이 닿아서 조조 밑에 몸을 맡겼던 유비는 헌제가 짜낸 조조 주살의 음모에 가담하지만, 기회를 잡지 못한 채 북상하는 원술을 치기 위해 서주徐州로 파견된다. 그 후 조조에 반기를 들었으나 대뜸 격파당하고 처자와 관우마저 적의 수중에 뺏긴 채 원소에게로 도망쳐 들어가야 했던 볼상 사나운 꼴도 드러냈던 것이다. 그러나 그 후 제갈공명을 '삼고초려' 끝에 맞아들인 것을 비롯하여 우수한 인재를 모아서, 스스로 한중왕漢中王을 자칭할 정도로까지 비약할 수 있었다.

이 유비만 해도 난세였기에 큰 비약이 가능했던 것이며, 제갈공명이 오늘날까지도 높은 명성을 얻고 있는 것도 시대가 난세였기 때문이며, 혼미한 상황이었기에 자기의 능력을 최대한으로 발휘할 기회가 있었다. 질서가 잡힌 시대였더라면 제갈공명이 나설 기회는 없었을지도 모른다.

이와 같이 세상만사에는 표면이 있으면 이면이 있고, 어두운 이면에는 반드시 밝은 광명의 요소도 숨겨져 있는 법이다.

사업의 찬스도 역시 이면의 요소가 표면으로 나타난 데 지나지 않는다. 다시 말해서 표면의 상태나 이면의 상황을 냉정하게 보는 눈이 중요하다는 것이다. 그리고 설사 곤란한 상황이라 하더라도 올바른 판단력, 정확한 결단력, 그리고 확고한 단행력, 다시 말해서 '삼단력'이 있으면 그것을 타개할 수 있다고 확신한다.

삼국지의 인물들은 여러 가지로 성하고 쇠함이 있었지만, 단순한 행운만이 아니라 가치 있는 정보를 근거로 삼단력을 발휘해서 국면의 타개를 도모했다. 정보의 중요성은 새삼스럽게 말할 것도 없거니와, 유비가 제갈공명이라는 유래가 드문 인재를 얻은 것도 부하의 진언이라는 정보에 의해서였다. 유비가 그 정보를 가치 있는 것이라고 깨달은 데에 후일의 성공이 있었다고 해도 과언이 아니다.

판단력·결단력·단행력이라는 것은 인간행동에 있어서의 하나의 흐름이거니와, 그런 것들이 진가를 발휘할 것인가의 여부는 평소의 정보에 달려 있다.

그런 의미에서는 정보의 내용을 분별하는 방법이 중요해진다. 삼국지 세계에서의 등장인물들의 성공과 실패를 보면 그것은 분명해진다.

지모가 가져오는 전략적 행동

삼국지의 세계를 바라보고 있노라면 문득 깨달아지는 것이 있다.

『구약성경』「잠언」에 나오는 구절이다.

"땅에 작고도 가장 지혜로운 것 넷이 있나니, 곧 힘이 없는 종류로되 먹을 것을 여름에 예비하는 개미와 약한 종류로되 집을 바위 사이에 짓는 사반(바위 너구리)과 임금이 없으되 다 떼를 지어 나아가는 메뚜기와 손에 잡힐 만하여도 왕궁에 있는 도마뱀이니라(30장 24~28)."

이것은 비유이긴 하지만 인간사회에서도 꼭 들어맞는 것으로서, 개인이나 조직에 요구되는 기본적인 요소, 즉 말하자면 지성이고 지혜일 것이다. 이 지성 혹은 지혜라는 것은 노력 없이 몸에 익혀지는 수도 있고, 또 노력하지 않으면 얻을 수 없는 요소이기도 하다. 거기다가 그 있고 없음이 행동의 무게나 깊이와 관련이 있으므로 전략적 행동을 생각할 때는 빠뜨릴 수 없는 것이라고 할 수 있다.

난세에 있어서는 패도覇道(인의를 가볍게 여기고 무력이나 권모술수로써 공리만을 꾀하는 일)를 걷는 자가 강하다. 다시 말해서 무력이나 모략으로써 일을 밀고 나가는 사람에게 대항하기란 매우 어렵기 때문이다. 신사협정 따위는 없는 것이나 다름없으므로 힘이 약한 사람은 일반적으로 밀리고 소멸되고 만다. 물론 그렇다고 해서 힘이 강한 자가 나쁘다는 것은 아니다. 이런 것은 어떤 의미에서는 '운·불운'일 뿐이다.

그렇지만 약한 입장에 있는 사람 쪽에서 본다면, 단순히 '운이 없다'고만 하고 있을 수는 없다. 약자도 살아남지 않으면 안 되기 때문이다. 합종연횡合縱連衡도 그런 지혜의 하나이다. 현재로 말하자면 중소기업 간의 이업종교류異業種交流 같은 것도 살아남기 위한 합종연횡이라고 할 수 있을 것이다.

삼국지의 세계를 돌이켜 보면, 난세였기에 생존을 위한 지혜가 대단히 많았다. 약육강식이 흔히 있는 난세였다고 하더라도, 동탁의 예에서도 명백하듯이 살아남는 것은 지성 혹은 지혜가 있는 사람이었다.

패자霸者의 모략보다도 왕자의 지모가 우위라는 것이다. 단기결전이라면 몰라도, 혼미한 시대에 있어서는 술책뿐만 아니라 전략적인 요소를 빠뜨릴 수 없다. 그것은 개인의 행동에서나 조직행동에서도 말할 수 있을 것이다. 더 알기 쉽게 말하면, 개인에 있어서의 삶의 보람과 기업조직에 있어서의 이념을 명확하게 가지고 있으며, 그 실현을 위한 방책을 기간으로 삼고 있느냐 그렇지 않느냐인 것이다.

지성이나 지혜는 전술적인 면에서도 필요한 것이기는 하지만, 역경에 놓였을 경우에는 장기 전략을 위해서라도 필요불가결한 요소라는 것을 깨닫지 않으면 안 된다.

오늘의 묵묵히 참고 따름이, 반드시 내일의 같은 모습을 투영하고 있는 것만은 아니다. 또 과거의 영광이 내일의 번영을 보장해 준다고도 말할 수 없다. 그것은 삼국지의 세계에서도 그려져 있는 바이다.

순조로운 때는 내일의 전망을 그 나름대로 내다볼 수도 있다. 그러나 불투명한 상황에 놓이면 과거의 일로 내일을 말할 수는 없다. 오히려 난세에 있어서는 옳은 것은 그른 것으로, 그른 것은 옳은 것으로 되지 말라는 법도 없다.

"왕자불가간往者不可諫, 내자유가추來者猶可追"

『논어』에 나오는 말이다. 지나간 일은 새삼스럽게 충고해 봤자 소용이 없다. 그보다는 장래의 일에 대해 희망을 가지고 달성하도록 하지 않으면 안 된다는 것이다.

현시대와 같은 가치변혁의 시대에 살면서 앞으로 어떻게 대처해야 할까 하고 망설여질 때, 삼국지의 세계는 참으로 여러 가지 행동의 시사점을 제시해 준다고 할 수 있겠다. 유구한 흐름 속에 담겨져 있는 인간행동의 원리는 조조·유비·손권·제갈공명 등 삼국지의 수많은 인물들을 통해 혼미한 현대사회를 사는 우리들에게 지혜로운 인생수업의 방향을 제시하고 있는 것이다.

PART 3

삼국지,
인물별 인재수업

01
삼국지 인물별
명언·일화

[조조]

처세의 능신, 난세의 간웅

후한에서는 효렴孝廉(부모에 효도하는 사람과 행실이 결백한 사람)으로서 이름이 높은 사람을 지방관리로 천거하는 인재등용법을 중히 여겼다. 효렴으로 천거되려면 그에 합당한 명성을 얻어야 한다. 이 때문에 지식인 사회에서의 여론, 평판이 존중되어 인물평이 성행했다.

그 중에도 후한 말의 하남(하남성) 허자장과 그의 사촌 형인 정은 그 방면의 대가로 매월 초하루에 인물평을 발표하였다. 그의 인물평은 하남의 월단평河南俗有月旦評(초하룻날의 평이라는 뜻)이라 하여 천하를 들끓게 했다. 이후 인물비평을 '월단평', 줄여서 '월단'이라고도 하게 되었다.

당시 인물감정의 명인으로서 유명했던 태위(국방장관) 교현은 조조를 인견했을 때 한눈에 영웅이라 꿰뚫어 보고 '자네는 아직 이름이 나지 않았네. 허자장과 교분을 맺어보는 것이 어떤가?'라고 말했다. 이에 조조는 허자장을 찾아가 끈질기게 비평을 부탁하자, 허자장은 '당신은 치세治世의 능신能臣이요, 난세亂世의 간웅姦雄이다'라고 대답했다.

이 말을 들은 조조는 크게 웃으며 기뻐했다. 그 후 조조를 보는 세상의 눈이 달라져 후한의 영제靈帝 희평 3년(174), 조조는 이십 세의 젊은 나이에 '효렴'으로 천거되어 낭郎으로서 낙양洛陽의 북부위(치안 담당)로 임명되었다. 월단의 위력과 조조의 진면목이 눈에 보이는 듯하다.

치세의 능신과 난세의 간웅은 원래 양립하기가 어렵다. 그 양립하기 어려운 재능을 아울러 갖고 있다고 하니 조조는 크게 기뻐했다. 사실, 조조의 행적을 보면 두 요소를 겸비하고 있었던 것 같다.

전술과 주술을 가린 최초의 인물

조조는 합리주의자로 『삼국지』, 『위서魏書·무제기武帝紀』에 따르면 수많은 서적들을 널리 읽었다고 한다. 특히 병법을 좋아하여 직접 여러 대가의 병법을 필요한 부분만 뽑아서『접요接要』라고 이름 붙였다. 또『손자孫子』13편의 주를 만들어 함께 세상에 전하여 내려오고 있다.

조조는 전술과 주술을 분명하게 가린 최초의 인물이다. 제갈공명이 병법을 강론한 것이라고 알려져 있는『신서新書』,『장원將苑』등의 저자는 모두 가짜이고『병법비결』은 전술과 주술을 혼동하고 있다.

조조의 첫걸음은 수도 낙양洛陽의 치안을 지키는 낙양 북부위로 시작되었다.『조만전曹瞞傳』에 따르면 이때 조조는 야간통행금지령을 엄격하게 실시하여 위반자는 호족, 유력자를 불문하고 모두 몽둥이로 타살했다. 이 때문에 장안이 잠잠해졌다고 한다. 그리고 제남군濟南郡의 상(장관)이 되었을 때도 합리주의자인 그는 사교음사邪教淫祀(그릇된 교리로 사회에 해를 끼치는 종교나 부정한 귀신에게 지내는 제사)를 금하여 법을 엄격하게 집행했기 때문에 군내는 숙연해졌다고 한다.

목마름을 기지로 해갈시켜

조조는 젊어서부터 기경機警, 권수權數가 있었다고『삼국지』,『위서·무제기』에 적혀 있다. '기경'이란 기지가 있고 영리하다는 것이며 '권수'는 '권모술수'를 줄인 말로 남을 기만하는 모사를 말한다.

조조군이 행군 중 물이 있는 곳으로 통하는 길을 잃어 장병들은 모두 목이 말라 허덕이고 있었다. 이 모양을 바라보던 조조가 소리쳤다.

"자! 저 너머에 커다란 매화나무 숲이 있다. 새콤한 열매가 가득 열려 있을 테니 조금만 더 가면 목마름을 풀 수 있다!"

장병들은 이 소리를 듣고 절로 입 안에 침이 고여 기운을 내서 샘이 있는 곳을 찾아갈 수 있었다고 한다. 이 고사를 '망매해갈望梅解渴'이라고도 하는데, 남북조南北朝의 남조, 송宋의 유의경이 위진魏晉시대의 대표적 인물의 일화를 모은 『세설신어世說新語』「가휼편假譎編」에 나와 있다. '가휼편'은 사람을 속인 간웅들의 얘기를 모은 것이다.

장소는 속칭 안위성安衛省 노강현廬江縣 동남방의 매화나무가 많은 누은 산櫻隱山, 또는 안위성 추보현秋甫縣 서남방이라고도 하지만 사실인지, 아닌지, 어느 때 얘기인지 확실하지는 않다. 하지만 이 고사는 기경과 권수를 수단으로 정치력을 발휘한 조조의 일면을 말해 주고 있다.

8년마다 크게 비약

기경, 권수, 합리주의, 신상필벌, 인재등용 등으로 조조는 패전이나 시행착오를 거듭하면서 최단거리인 8년마다 발판을 굳혀 간다.

192년, 삼십팔 세로 연주(산동성 서남부)의 장관이 되어 황건적의 투항병 삼십 수만, 남녀 백여만 중에서 정예를 뽑아 청주병青州兵이라 불렀다. 이에 조조는 화북華北의 최고군벌 원소로부터 분리 독립하여 196년 하남성河南省 허창현許昌縣의 허도許都로 헌제獻帝를 맞이하여 정치적 지도권을 장악하고 둔전제屯田制와 병호제兵戶制를 실시하여 경제와 군사를 강화, 확립했다. 그리고 다시 8년 후인 200년에는 '관도의 싸움'에서 기책奇策으로 원소를 격파했다. 그리고 그 8년 후인 208년에는 승상이 되었다.

하지만 그 해에 '적벽의 싸움'에서 패하자 북방의 수비를 견고하게 만드는 데 전념했다. 삼국시대 3대 전쟁 즉 관도, 적벽, 이릉夷陵의 싸움은 모두 원정 쪽이 피로나 보급 등의 약점으로 패했다(제갈공명도 이 약점으로 말미암아 패하고, 촉은 멸망했다).

그리고 다시 8년 후인 216년에는 유씨劉氏가 아닌데도 위왕魏王이 되어 '주周의 문왕이 될 것이다'라고 말하고 후한왕조와 바꾸어 앉는 위 왕조의 기초를 다진 다음 220년, 육십육 세로 낙양洛陽에서 그 생애를 마쳤다.

후세에 남은 명악담名惡談

후한 말인 208년 조조는 대군을 이끌고 형주(호남·호북을 중심으로 한 지방)로 진군했다. 때마침 형주의 장관 유표가 병사하여 그 아들 유종은 조조에게 항복했다. 유표로부터 신야(하남성)를 맡고 있던 유비는 하구(호북성)로 패주했다. 오의 손권과 패주한 유비는 각각 지장·주유·노숙과 제갈공명의 진언을 받아들여 연합해서 조조와 맞서기로 했다.

조조는 오림烏林에 포진하고 주유와 공명은 적벽에 포진하여 유명한 '적벽의 싸움'이 벌어졌는데, 수전水戰에 익숙지 못한 조조군은 화공작전火攻

作戰이라는 기략에 휘말려 대패했다. 조조는 그 후에도 자주 손권을 치려고 했으나 끝내 무찌르지 못했다. 조조는 탄식하면서 이렇게 말했다.

"자식을 가지려면 손중모(중모는 손권의 자)와 같은 자를 갖고 싶다. 앞서 항복한 유경승(경승은 유표의 자)의 아들(유종) 따위는 돈견豚犬과 같다."

『삼국지』의 주에는 '돈견'은 '돼지아지와자'로 경멸하고 업신여기는 말이라고 되어 있다. 자기 아들을 낮추어 말할 때 '돈아'라고 말하는 것은 여기에서 비롯되었다.

건안기建安期를 대표하는 시문가時文家이기도 했던 조조는 무슨 일이 생길 때마다 한마디 하지 않고서는 못 배겼던 것 같다. '돈견'이라는 악담을 뒤집어보면 적벽에서 크게 패한 것을 원통해하는 모진 심정이 숨겨져 있다.

예민함을 나타내는 것도 정도껏

218년 촉의 유비는 위의 내분(조조 아들 조비와 조식의 상쟁相爭, 조식이 실각)을 틈타 한중漢中(합서성)으로 출병, 이듬해(219년)에 정군산定軍山으로 진군하여 위의 장수 하후연의 목을 벴다.

이 소식을 들은 조조는 스스로 군대를 이끌고 장안으로부터 출정하여 야곡斜谷을 넘어 양평陽平에서 촉군과 대치했다. 그러나 촉의 용장 조운의 활약과 위군에서 도망병이 속출하면서 조조는 회군을 생각하고 명령을 내리는데 '계륵鷄肋'이라는 말 한마디밖에 하지 않는 것이었다. 이게 무슨 소리인지 벼슬아치들은 갈피를 못 잡고 어리둥절할 따름이었다.

그때 은어隱語(특수한 집단이나 계층에서 남이 알아듣지 못하도록 자기네끼리만 쓰는 말)를 푸는데 능란한 양수라는 주부(서기)가 서둘러 돌아갈 준비를 하기 시작했다. 모두 놀라 '어찌 회군하는 것인 줄 알았느냐'고 묻자 양수가 대답했다.

"계륵(닭의 갈빗대)은 버리기에는 아까운 것 같지만 먹을래야 먹을 데가 없습니다. 한중漢中이 이와 비슷하지요. 그래서 전하께서 회군하시려는 것을 알았습니다."

거의 같은 말이 『후한서後漢書』「양수전楊修傳」에도 '몸이 마르고 약하다'는 뜻으로 사용되고 있다.

양수는 하나를 듣고 열을 깨우치는 재사였다. 이것이 오히려 조조의 경계심을 부채질한 것 같다. 양수는 조조의 셋째 아들 조식의 참모로 조비·조식의 후계자 다툼에 얽혀 이 전쟁이 있었던 해에 조조에게 죽임을 당했다. 능력 있는 리더 밑에 있는 사람은 예민함을 나타내는 것도 정도껏 해야 한다.

성공의 비결은 '양수음법'

조조가 천하를 잡은 바탕은 둔전제(경제), 병호제(군사), 구품관인법九品

官人法(중국 삼국시대 위魏 때부터 수隋 초기까지 행해졌던 관리등용법), 오언시五言詩 등 이제까지의 제도, 문화의 테두리를 깨뜨려 버린 역량에 있다.

일본의 도쿠가와이에야스가 천하를 잡자, 무인파를 물리치고 문인파를 등용한 것처럼 조조도 한왕조漢王朝의 제위찬탈 준비가 궤도에 오르자 대공로자인 순욱을 중추에서 밀어내 스스로 목숨을 끊게 하는 등 길을 막으려는 자는 가차 없이 쓸어버렸다.

이에 대해 노신은 이렇게 이야기했다.

"동탁이 죽은 다음 조조가 정권을 잡았는데, 그의 가장 큰 통치 특색은 형벌을 엄중히 한 것으로 그의 입법은 매우 엄격했다. 대란의 직후였기 때문에 누구나가 황제가 되려 했고, 또 반란을 일으키려 했기 때문에 조조는 그렇게 하지 않을 수 없었다. '만일 자기가 없었더라면 왕을 칭하고 제帝를 칭하는 자가 얼마나 나왔을지 알 수 없다'고 조조 자신이 말하고 있는데 그것은 사실이었다."

조조의 정치력 비결은 입으로는 유학자들이 받드는 주의 문왕을 말하면서 법가의 형명술刑名術(한비가 제창한, 법을 가지고 나라를 다스리는 방법)을 교묘하게 이용하고 '망매해갈望梅解渴'과 같은 기경機警, 권수權數 등을 수단으로 삼은 데 있다.

리더의 어려움을 명시名詩로 승화

위의 무제武帝 조조는 삼국시대의 영웅인 삼조칠자三曹七子(조조, 조비, 조식과 건안칠자인 왕찬, 서간, 완우, 응창, 유정, 공융, 진림)라고 불리는 건안 문학을 꽃피우게 한 문인이기도 한다. 『문선文選』에 악부이수樂府二首의 하나로 수록된 「단가행短歌行」은 조조의 장기인 사언시로, 세월이 흐르기 쉬움을 탄식하면서 뛰어난 인재를 얻어 조속히 왕업을 완성하겠다는 의욕이 담긴 작품이다.

"술을 놓고 노래하니 인생은 그 얼마인가. 마치 아침에 맺힌 이슬과 같도다. 지난날의 간고艱苦(힘들고 어려움) 하도 많으니……."

술의 시름과 천하통일의 고난을 토로하면서 시작되는 이 시는 끝 절의 전반에서 천하의 호걸들에게 '달 밝은 밤하늘을 남쪽으로 날아가는 오작들이여, 머무를 나무가 없으면 내 마당에 와서 머물라'고 하소연하는 명구가 있다.

"달은 밝고 별은 드문드문 한데 월명의 하늘을 남으로 나는 오작은 머무를 나무를 찾아 빙빙 돌고 있도다……."

'월명성희月明星稀는 소식이 '적벽부赤壁賦'에서 인용한 명구이다. 달빛에 가려 별이 드문드문 보인다는 뜻으로 조조가 출현하여 군웅이 사라진 것을 노래한 것이라고도 하여 영웅·대현이 출현했기 때문에 군소·소인이 세력을 잃는 것을 비유하는 성어가 되어 '월명성희'라고 말하게 되었다.

난세에 리더로서의 고생을 시로 읊음으로써 승화시킬 수 있었던 조조는 진정 행복한 사람이었다고 할 수 있다. 우리의 삶 속에서도 힘들고 어려운 상

황을 즐거움과 행복으로 승화시킬 수 있는 무기가 하나쯤은 있어야 하지 않

겠는가 생각된다.

[유비]

무사평온은 야심가의 고통

황건란(184)에서부터 삼국정립의 시대에 걸친 혼란기는 지방호족이 할

거하는 군벌혼전시대여서 전한·후한 400년 동안에 축적된 부는 거의 사

라져 버리고 말았다.

196년 천도한 허도許都로 헌제獻帝를 맞이한 조조와 강동江東의 지리를

얻어 응거한 손권은 이미 대군벌이 되어 있었지만, 지방 현縣의 하급관

리 출신인 유비는 한실漢室의 일족임을 일컬으며 한실부흥을 뇌이면서도

지반도 실력도 없어 원소·조조 밑에서 전전하고 있었다. 그러다 조조를

혐오해 형주의 목牧(장관)이며 동족인 유표에게로 가서 신야라는 작은 성

을 맡게 되었다.

북방에서는 조조와 원소가 하북의 패권을 걸고 싸우고 있었다. 어느

날 유표의 초대연에 참석했을 때 뒷간에 갔던 유비는 넓적다리에 살이

찐 것을 알았다. 그는 가슴이 덜컹 내려앉아 자기도 모르게 눈물을 흘렸

다. 자리로 돌아오자 유표가 이상하게 생각하고 어찌된 일이냐고 물었

다. 그의 말에 유비는 이렇게 탄식하며 말했다.

"저는 이제까지 안장을 떠난 일이 없기 때문에 넓적다리에 살이 없었습니다. 그러던 것이 지금은 말을 타지 않아 살이 쪘습니다. 세월은 유수같이 빨라 이제 노경에 이르려 하고 있는데 아직 공업功業을 세우지 못하고 있는 것이 서글프기만 합니다."

이것이 공명을 세워 기량을 나타낼 기회가 없는 것을 한탄하는 '비육지탄髀肉之嘆'이라는 성어이다.

이 당시 제갈공명은 아직 막하에 끼지 않고 있었다. 유비는 유표 밑에서 약 7년간 비교적 평온한 나날을 보내고 있었는데, 자신이 웅거할 근거지를 갖지 못하고 있는 식객의 신세로 평온이 오히려 고통이었을 것이다.

염치 불고한 인재 스카우트

후한 말인 206년, 형주의 목인 유표 밑에서 '비육지탄'을 푸념하고 있던 유비는 헌제를 옹립한 북쪽 조조의 맞상대로 차츰 두각을 나타내고 있었다. 이윽고 서서라는 군사를 얻어 조조를 격파할 정도까지 되었다.

서서는 조조가 보낸 어머니의 가짜 편지를 받고 하북으로 떠날 때 유비에게 자기의 친구인 제갈공명을 등용하라는 말을 남겼다. 유비는 당장

양양襄陽 교외에 있는 공명의 초려를 찾았으나 출타하고 없어서 만나지 못했다. 군략가를 필요로 하고 있었던 유비는 예를 다하여 공명의 초려를 세 번이나 찾아 간신히 만날 수 있었다. 마침내 유비의 열의가 공명을 동하게 하여 유비의 신하가 되어 섬기겠다는 결심을 굳히게 만들었다.

공명은 평소 자기를 춘추시대 제齊의 명재상 관중이나 전국시대 연燕의 명장 악의에 견주고 있었다. 공명은 유비를 안으로 모셔 들이고 '천하삼분지계天下三分之計'라고 불리는 마음속의 포부를 말했다.

북방의 황하유역에서는 조조, 남방의 양자강 유역에서는 손권의 정권이 안정되어 가고 있어 형주와 익주益州(사천성)를 조조나 손권 중 어느 한쪽이 차지하면 천하는 통일되고 다른 사람이 이를 제압하면 천하는 셋으로 나누어진다는 것이었다. 그리하여 유비는 예를 두텁게 하여 제갈공명을 군사로 영입했다.

'삼고지례三顧之禮' 또는 '삼고초려三顧草廬'라는 말은 군주나 손윗사람으로부터 두터운 예로 대우받는 것에 비유한다.

참모가 없는 군단이 얼마나 맥없는 것인지 유비는 절실하게 깨닫고 있었다. 그래서 그는 염치고 체면이고 돌보지 않고 세 번씩이나 허리를 굽혀 공명의 스카우트에 나선 것이었다. 그런데 이것이 선례가 되어 후세에도 사람을 이끌어내려 세 번씩이나 찾아가곤 했다.

참모를 '스승'으로 모신 위정자

후한 말, '비육지탄'을 뇌이던 보람이 있어 차츰 두각을 나타내기 시작한 촉의 유비는 관우, 조운 등의 용장과 더불어, 208년 대망의 군사 제갈공명을 막하에 영입할 수 있었다. 공명의 초려를 세 번이나 찾았을 때 관우와 장비는 이십칠 세밖에 안 되는 젊디젊은 공명에게 어째서 그렇게까지 허리를 굽히느냐고 유비를 탓했다. 하지만 유비는 그들의 불만을 무마하고 공명을 삼고초려로 맞이했다. 공명을 얻은 후, 유비는 공명의 책략에 놀라워하며 스승으로 모시고 침식을 같이 했다. 공명도 이에 보답하여 전력을 기울였다. 이를 본 관우와 장비는 이번에는 공명을 너무 받든다고 불평이 이만저만이 아니었다. 이 말을 들은 유비는 두 사람을 불러 말했다.

"나와 공명과의 관계는 마치 물과 물고기 같은 것이다. 물이 하루만 없어도 물고기는 죽고 만다. 두 번 다시 불평을 말하지 마라."

'수어지교水魚之交'는 여기서 나온 말로 바꾸어 말하면 떨어지기 어려운 교분을 말한다.

유비의 공명을 대접하는 방법이 얼마나 철저한가. 특히 '스승'으로 모신다는 일은 평범한 리더로서는 도저히 할 수 없는 일이다.

[제갈공명]

명참모의 멋들어진 등장

삼국정립 시대가 바야흐로 시작되려는 후한 말인 208년, 황하 유역에서 정권을 안정시킨 위의 조조는 대군을 이끌고 형주로 진군했다. 형주의 목(장관)인 유표 밑에서 기식寄食하고 있던 유비는 유표가 병으로 죽고 아들인 유종이 조조에게 항복했기 때문에 지키고 있던 신야新野의 성을 버리고 남쪽으로 달아났다.

오의 손권은 지장 노숙의 진언에 따라 유비와 손을 잡고 조조를 치기위해 노숙을 유비에게 보냈다. 유비는 손권의 방책을 받아들여 제갈공명을 손권에게 파견했다.

때마침 조조로부터 손권에게 도전장에 가까운 편지가 와있었다. 손권의 부하들은 대경실색하고 중신인 장소는 조조를 맞아들일 것을 주장하여서 공명과 대결하게 된다. 이때 장소가 공명에게 말한 것이 『고사성어고故事成語考』「신체편身體篇」의 성어인 '연미지급燃眉之急'의 주로서 『삼국지』로부터 인용되고 있다.

장소가 제갈량에게 말했다.

"평소부터 선생은 스스로를 관중·악의에 견주고 있다는 얘기를 듣고 있었습니다. 이번에 현덕(유비)께서는 선생을 영입하셨는데 신야를 버리고 번성樊城으로 도망치고, 형양滎陽에서 패하여 하구夏口로 도망치고, 눈썹에 불이 붙은 정도로 급한 지경[有燃眉之急]이니 관중·악의에 도저히 미치지 못하지 않습니까?"

이에 대해 공명은 당당하게 반론했고 장소는 반박할 말이 없어 입을 다물었다고 한다. 그 결과 조조의 강남 진출을 저지하는 유명한 '적벽의 싸움'이 벌어지게 되었다.

눈썹에 불이 붙은 듯 급박한 경우에 비유되는 '소미지급燒眉之急', '초미지급焦眉之急'이란 말도 여기서 그 원형을 찾아볼 수 있다. '소미지급'의 직접적인 출전은 송대의 『오등회원五燈會元』에 나와 있는, 불혜선사에 '어떤 것을 급절急切이라고 하는가?'라고 물은 즉, 선사는 답하여 '불이 눈썹을 태우는 일이다'라고 말한 선문답이다. '소미지급'이 '연미지급'으로 바뀐 것이 아니다.

제갈공명이 진가를 발휘한 첫 번째의 멋진 등장이다. 공명의 계책이 손권 측을 움직여 유비와 손을 잡고 조조에 대항하게 되었던 것이다. 이것이 '적벽의 싸움'이다. 이때 공명의 나이 이십팔 세. 이 싸움에서 승리함으로써 유비는 비로소 삼국정립시대를 여는 발판을 얻게 되었다.

오른손으론 명문, 왼손으로 모략

223년 2월, 촉한제蜀漢帝 유비는 관우의 원수를 갚는 전쟁에서 오에 패한 후, 백제성白帝城에서 성도成都로부터 달려온 승상 제갈공명에게 후사를 부탁하고 죽었다. 공명은 촉제蜀帝 유선을 보좌하여 남정南征해서 익주益州 남부를 튼튼하게 평정하는 등 국력을 다져 나갔다.

이윽고 위의 문제文帝 조비가 죽고 제2대인 명제明帝 조예가 즉위(226)하자, 사마중달이 북방 변경 서량西涼에 표기장군이 되었다. 이것을 촉 공격의 포석으로 보고 경계한 공명은 마속의 책략을 받아들여 중달이 스스로 자원해서 서량으로 부임한 것은 모반을 할 생각이 있기 때문이라는 소문을 퍼뜨렸다. 이 이간책이 주효하여 명제는 중달을 해임하고 근신을 명했다.

공명은 주목하고 있던 중달이 출전을 못 하는 지금이야말로 위를 칠 수 있는 절호의 기회라고 보고 '출사표'를 유선에게 올렸다. 이는 나중에 '출사표'를 읽고 울지 않는 자는 군주를 섬기는 신하가 아니라고 평가된 천고의 명문이었다.

"신, 제갈량 삼가 아뢰옵니다. 선제께서 창업하옵시고 이제 한창이실 때 중도에서 붕어崩御하셨습니다. 이제 천하는 바야흐로 삼분되고 익주는 피폐되었사옵니다. 실로 위급존망지추危急存亡之秋가 바로 지금이 아닌가 생각되옵니다……."

위난이 닥쳐 살아남느냐, 망하느냐의 아슬아슬한 때를 '위급존망' 또는 '위급존망지추'라고 하는 것은 이것이 출전이다. 기원전 667년 주왕周王으로부터 춘추 제일의 패자霸者로 인정된 제齊의 환공은, 적적이라는 이 민족에게 망한 소국인 위衛나 형邢을 산동성山東省으로 옮겨 재흥케 했는데, 이 일을 '존망'이라고 하여 환공의 뛰어난 공적으로 전해져 내려오고 있다. 또 추秋는 만물이 성숙하는 때, 중요한 때이므로 '존망'에 관계되는 때를 '추'라고 한 것이다.

안으로는 충정이 철철 넘치는 천고의 명문 '출사표'를 쓰고, 밖으로는 최대의 호적수인 사마중달을 해임시키는 일대모략을 성공시키고 있었으니 공명은 결코 문약文弱(글에만 열중하여 정신적으로나 신체적으로 나약함)한 참모는 아니었다.

사정私情으로 법도를 굽힐 수 없다

228년, 유명한 '출사표'를 촉제 유선에게 바치고 첫 번째 토위작전討魏作戰을 단행한 제갈공명은 작전대로 위魏의 수도 장안長安으로 통하는 위수渭水 상류 남안南安·천수天水·안정安定의 세 군郡을 점령하고 장안을 배후에서 공격하는 포진을 끝냈다.

이에 앞서 공명은 마속에게 위수 북안의 가정街亭을 지키게 하면서 위수에 따라 포진하고 산 위에는 진을 치지 않도록 명령했는데, 마속은 이 명령에 따르지 않고 산 위에 포진하였다가 위의 명장 장합에게 패하여 공명의 첫 번째 위를 치는 작전은 어이없이 무너져 버렸다.

공명은 유비로부터 마속을 중용하지 말라는 유언을 듣고 있었던 만큼,

마속을 기용해서 실패한 것을 창피하게 생각하고 한중으로 돌아간 즉시 군령에 따라 마속을 극형에 처했다.

『십팔사략十八史略』「삼국」에 마속이 '전투에 패하자 울면서 이를 참했다' 고 나와 있는데 이것은 『촉지』「마속전」의 '속, 옥에서 물고物故(죄를 지은 사람이 죽음)나자, 제갈량이 눈물을 흘렸다', 또 같은 『촉지』의 「제갈량전」에 '마속을 참하고 많은 사람에게 보였다.', '울면서 마속을 참한다〔읍참마속泣斬馬謖〕'는 말은 이렇게 해서 생겼다. 즉 공정한 업무 처리와 법 적용을 위해 사사로운 정을 포기함을 가리킨다.

제갈공명의 유명한 말에 "나의 마음은 저울과 같은 것이다. 사람에 따라 가볍게 하거나 무겁게 할 수는 없다"라고 했는데, 의형제를 맺은 사이인 마량의 동생을 참한 것이 바로 그것이다.

'뜻'을 위해서는 죽음도 무릅쓰다

제1차 출병(위 토벌)에 실패한 지 반년 후인 228년 12월, 공명은 다시 '후출사표'를 촉제 유선에게 바쳤다. 그 요지는 이러하다.

"선제께서는 촉과 적(위)과는 함께 양립할 수 없다는 것, 또 한(촉)이 성도成都와 같은 오지에 도읍을 두어서는 안 된다는 것을 걱정하고 계셨습니다. 그래서 신에게 적을 치도록 말씀하신 것입니다. 그러나 선제께서는 신의 재능이 위의 강대함에 미치지 못한다는 것도 알고 계셨습니다. 그러나 강대하다고 해서 치지 않으면 역시 왕업은 무너지고 맙니다. 앉아서 망하기를 기다리기보다는 나가서 치는 것이 좋습니다.(중략)

신은 삼가 전력을 다해 싸워 죽음도 무릅쓸 각오입니다. 물론 성공할지, 실패할지, 이익이 될지, 안 될지는 아무도 예측할 수 없습니다."

이 '후출사표'는 「제갈공명전」에는 보이지 않고 당唐나라 장엄의 『묵기黙記』에 나와 있어서 공명이 만든 것이 아니라는 설도 있다.

이렇게 해서 공명은 삼십만의 병력을 이끌고 기산 서남방으로 진군했다. 이듬해인 229년 4월, 그리고 그 다음해인 230년 7월, 231년 4월의 수차에 걸쳐 기산으로 진격했으나 보급이 제대로 되지 않아 장안을 공략할 수 없었다.

231년 2월의 기산 출격에서 공명은 주목하고 있던 위의 사마중달과 비로소 마주 대하게 되었다. 이때에는 목우유마木牛流馬(제갈량이 처음 만든 것으로 군량을 운반하는 데 썼던 수레. 그 모양은 우마와 같고 기계를 설치하여 운행이 자유롭게 되어 있음)라는 병량 운반구를 개발하여 사용했다. 공명은 일부러 중달을 유인하려고 했지만 중달은 굳이 싸우려고 하지 않았다. 그러자 중달 휘하의 장수인 장합 등이 나서서 중달에게 "공은 촉을 마치 호랑이처럼 두려워하고 계신데, 그래서는 천하의 웃음거리가 되고 말 것입니다"라고 말했기 때문에 할 수 없이 장합으로 하여금 촉의 무리를 쫓게 하고 자신도 중앙에서부터 공명의 군대를 추격했으나 공명에게 대패했다.

그러나 공명도 양식 보급이 제대로 되지 않아 퇴각할 수밖에 없었다. 중달은 장합에게 추격을 명령했지만 복병에 걸려 장합은 전사했다.

촉이 인재 부족과 내분에 시달리는 동안, 234년 공명은 재차 출격하여 다시 오장원五丈原에서 사마중달과 마주했다. 이때 중달은 지구전으로 나가기 시작했다. 공명은 둔전屯田(군사 요지에 주둔한 군대의 군량을 마련하기 위하여 설치한 토지)으로 식량자급을 꾀했으나 장기간에 걸친 전쟁으로 피곤하고 곤비하여 병상에 눕게 되어 8월 말쯤 오장원에서 세상을 떴다.

공명이 죽자, 촉은 내분으로 스스로 무너져 263년 위에 의해 멸망했다. 공명은 '국궁 진력하여 사이후이〔鞠躬盡力 死而後已〕하겠다'는 말대로 전력을 다하고 죽었다.

촉이 부족한 인재를 짜내어 불리한 장정長征(먼 노정에 걸쳐 정벌함)을 몇 번씩이나 반복한 것은 결과론으로서는 자멸행위였다. 촉(한)이 위를 친다는 것은 유비와 공명의 필생의 뜻이었다. 이 뜻을 우선해야 할 것인가, 아니면 촉나라를 되도록 평온하게 오랫동안 유지해야 할 것인가, 제갈공명은 역시 '뜻'의 인간이었다. 따라서 '전력을 다하여 죽음을 무릅쓰겠다'는 것은 결국 범용凡庸(평범하고 변변하지 못함)한 유선을 위해서가 아니라 공명 자신을 위해서였다.

'신화'의 위력

삼국시대 위와 촉의 결전은 촉의 제갈공명과 위의 사마중달의 두 영웅에 의해 겨루어졌다.

227년에 있었던 공명의 제1차 출병 이래 7년에 걸쳐 전쟁이 계속되었는데, 234년 공명은 오장원五丈原(합서성)에서 위군과 대치 중 병사했다.

공명의 옆에서 항상 작전에 함께해 왔던 강유와 양의는 공명의 유명遺命을 받들어 상喪을 감추고 남몰래 철수를 개시했다. 첩자의 보고로 이를 안 사마중달은 즉시 촉군을 추격했다. 그런데 강유와 양의는 군기를 펄럭이면서 북을 치며 반격할 태세를 나타냈다. 중달은 또 속았구나 생각하고 추격을 멈추었다. 그 틈을 타서 양의는 대오를 정비하여 철수할 수 있었다.

며칠 후, 중달은 공명이 남기고 간 진영을 돌아보고 비로소 공명의 죽음을 확인했다. 전장 근처에 살고 있던 백성들은 중달이 미적미적하는 것을 보고 "죽은 공명이 산 중달을 달아나게 했다"라고 했다. 이 소리를 들은 중달은 "나는 살아있는 인간은 상대할 수 있지만 죽은 사람의 상대는 서툴러서 말이야……." 이렇게 말하고 쓴웃음을 지었다고 한다.

"제갈공명은 불세출의 명군사다!"라는 '신화'가 사마중달을 주춤케 한 것이다. 실제로 그 자신보다 자기의 '신화'쪽이 위력을 발휘하는 경우가 종종 있다.

[노숙]

위정자와 참모의 이상적인 관계

오의 손권을 보좌한 거장 노숙은 당초 주유가 거소현居巢縣의 현장으로 있을 때 군량에 어려움을 겪고 있던 주유에게 자기 집 쌀 창고 한 채 분을 융통해 준 사이였다. 원술이 그의 이름을 듣고 신하로 삼으려고 했지만 노숙은 이를 마다하고 주유와 행동을 같이 하며 곡아현曲阿縣에 살았다.

200년, 오의 손책이 자객의 습격을 받고 쓰러지자 동생인 손권에게 정권을 맡기고, 그는 매제인 주유와 장소에게 후사를 부탁했다. 주유는 노숙으로 하여금 손권을 섬기도록 하려고 했다. 마침 그때 노숙은 친구인 유자양의 권유로 소호巢湖의 정보에게로 갈 작정이었다. 주유는 손권이 어진 선비를 존경하고 재주가 뛰어난 자를 중용하는 군주라는 것을 말하며 설득했다.

"공은 유자양의 말 따위는 잊는 것이 좋을 것일세."

노숙은 그 말을 따랐으며, 주유는 곧 손권에게 노숙을 천거했다. 손권은 노숙이 마음에 쏙 들어 어느 날 노숙을 붙들고 천하의 대계를 물었다.

이에 노숙이 손권에게 간언했다.

"조조는 그리 빨리 제거할 수 없을 것인즉, 먼저 장강長江 전역을 평정해 제위帝位에 앉은 다음 천하통일의 기초를 다져야 합니다."

그러자 장소는 '새파란 젊은 노숙을 등용하는 것은 아직 이르다'고 했다. 하지만 손권은 아무렇지도 않은 듯 개의치 않는다고 말하며 더욱더 노숙을 존경했다. '개의介意치 않는다'의 '개'는 끼인다는 의미로, 마음에 두지 않는다, 염두에 두지 않는다는 것을 말한다.

우선 유비에게 형주를 빌려주고 그곳을 근거지로 삼아 촉(사천성)을 차지하게 하고 그런 다음 형주를 돌려받아 동맹해서 조조를 친다는 전략을 생각한 것이 바로 노숙이다.

노숙의 이와 같은 큰 구상은 제갈공명과의 합작으로 훌륭하게 성공했다. 따라서 삼국정립의 실제 연출자는 노숙과 제갈공명이라고 할 수 있겠다.

손권과 노숙은 한 침대에 누워 서로 얘기를 주고받았으며, 주위의 '노숙을 중용하지 마라'는 소리를 손권은 '개의치 않았을 정도'로 그들은 친밀한 사이였다. 이는 유비와 제갈공명이 '수어지교水魚之交'를 맺고 있던 것과 마찬가지라 할 수 있다.

[여몽]

난 사나이는 사흘이면 변한다

후한 말 오의 손권은 주유, 노숙, 여몽을 잇따라 기용, 219년 여몽이 촉의 용장 관우를 베고 형주를 탈환하여 오의 지보地步(자기가 처하여 있는 지위, 입장, 위치 따위를 통틀어 이르는 말)를 굳힐 수 있었다. 손권은 여몽을 장군으로 임명할 때 배운 것이 없는 그에게 학문에 힘쓰도록 권장했다.

여몽은 열심히 공부했다. 이윽고 일찍이 학문을 쌓았던 옛 친구인 노숙이 여몽과 만나 얘기를 나누어 보았는데, 때로는 자기도 당할 수 없을 정도로 여몽은 박식해 있었다. 노숙은 감탄하여 여몽의 등을 두드리면서 말했다.

"자네는 무략武略에만 능한 사람인 줄 알았더니 이젠 학식도 훌륭하네. 오吳의 시골에 있었을 때의 아몽阿蒙(나이가 어린 아이들)과는 딴판이군."

그러자 여몽이 말했다.

"선비는 헤어져서 사흘이 지나면 다시 보아야 하네. 반드시 진보하고 있는 법일세.〔사별삼일 즉갱괄목상대士別三日 則更刮目相對〕"

눈을 비비고 그 후의 결과를 기다리는 것을 '괄목상대'라고 하는 것은 여기서 나온 것이다. 또 얼마 동안 못 본 사이에 크게 진보한 것, 학문이 깊어진 것을 '이제는 오하의 아몽이 아니다'라고 하고, 반대로 진보가 없는 것을 '오하의 아몽'이라고 하는 것도 그 출전은 여기에 있다.

여몽은 실은 이렇게 말하고 싶었을 것이다.

"난 사나이란 설사 전문적인 것 이외의 일일지라도 마음만 먹고 덤비면 금
  방 해낼 수 있는 법이지. 내가 그렇지 않은가. 나를 옛날과 같이 생각하면
  자네는 창피당할 것이네."

[손호]

'삼국지' 중 첫째가는 포학한 황제

삼국시대는 오나라 손호의 폭정에 의한 자멸로 막을 내렸다고 해도 좋을 만큼 비참하였다. 그 포학성에 대해서는 반항하는 신하나 뜻에 거역하는 궁녀를 참살해서 세차게 흐르는 물에 던져버렸다는 얘기가 전해지고 있다 '박면피剝面皮'라는 것도 이러한 그의 포악이 만든 말이다.

손호의 잔인성은 마음에 맞지 않는 자의 얼굴 가죽을 벗기는 것쯤은 아무렇지도 않게 생각했다. 그가 서진西晋에 항복하여 낙양洛陽으로 끌려갔을 때 서진의 대신인 가충이 물었다.

"어째서 사람의 얼굴 가죽 벗기는 짓을 하십니까?"

그러자 손호는 태연하게 대답했다.

"그 얼굴 가죽 두꺼운 것이 밉살스럽기 때문이다."

이 얘기는 청나라 책호의 편저인 『통속편通俗篇』 「신체부」의 '박면피'항에 수록된 '배씨어림裵氏語林' 속의 한 편이다.

'면피를 벗긴다'는 것은 파렴치한 자를 욕보이는 것을 말한다. 이른바 낯가죽이 두껍다. 뻔뻔하다, 염치를 모른다는 것을 '안후顔厚' '후안厚顔'이라고 한다. 이것은 『시경詩經』 「소아小雅」의 '교언巧言'에 '교언여황은 안지후의'에서 나온 고어로 이것을 좀 새롭게 만든 것이 『남사南史』 「변빈전卞彬傳』에 나오는 '면피후面皮厚'이다.

[조비]

뛰어난 시인의 연가행燕歌行

위魏의 조비는 조조의 장자로 위왕 조조가 세상을 뜨자, 후한의 헌제에게 선위를 강요하여 위의 문제가 되고 부친 조조에게는 시호하여 무제武帝로 했다.

조조·조비·조식은 모두 뛰어난 시인으로 조조가 실권을 잡은 헌제의 건안 연간에는 군郡에 많은 문인이 모였다. 조조 부자의 삼조三曹와 뛰어난 문인 7명 즉 '공융, 진림, 왕찬, 서간, 원우, 응창, 유정'을 합쳐 삼조칠자三曹七子라 하여 난세 속에서 건안문학이라고 하는 문학의 꽃을 피워 육조문학六朝文學에의 길을 열었다. 난세를 반영하여 유리감遊離感(따로 떨어져 있는 것)을 풍기는 시가 많았다. 후세에 7언시의 시조로 추앙된 조비의 칠어체 '연가행도 그 하나이다. 북정北征 중인 남편을 생각하는 아내를 대신하여 그 정을 읊은 것으로 다음과 같이 노래하고 있다.

"길 떠난 채 돌아올 줄 모르는 당신을 생각하니 창자가 끊어질 듯 슬픕니다. 당신도 미덥지 않은 마음으로 고향을 그리워하실 텐데 어째서 타향에 머물러 헤매고 계신지요."

창자가 끊어질 듯 아픈 슬픔을 '단장斷腸'이라고 하는 것은 『세설신어世說新語』「출면편黜免篇」에 있는 환온의 촉 토벌 도상의 고사에 유래한다고 하지만 이것은 조비의 '연가행'이 만들어진 다음의 얘기이다.

유명인은 쓸모가 없다

위의 문제는 조조의 법치주의를 계승하여 획기적인 '구품관인법九品官
人法'을 만들었다. 관리등용의 기준은 향론鄕論, 즉 한 말 이후의 인물평론
을 참고로 이루어졌는데, 당시 한 말 이후 벼슬하지 않은 선비들이 세상
을 피하여 숨는 풍조가 있었는데 이는 실속이 없고 겉만 화려한 무리들
을 낳고 있었다.

정시正始 연간(240~248)의 철학적인 청담淸談의 선구적 그룹으로 사총四
聰, 팔달八達이라 칭한 도당이 있었다. 그러나 당시는 아직 유능하고 착실
한 인물을 평가하는 조조시대의 풍조가 남아 있었다. 문제는 상서인 제
갈탄(촉의 제갈량의 사촌 아우)이나 등양 등이 구변의 재간으로 명성이 있
고 여망을 얻어 방자하게 노는 것을 미워하고 있었다. 그래서 학문, 덕행
으로 이름이 난 노육을 이부상서吏部尙書로 기용하여 '너와 같은 자를 모아
라'라고 명령하고 특히 유명인의 등용을 피하도록 지시하면서 말했다.

"관리 임명에 명성 있는 자를 채용해서는 안 된다. 명성은 땅에 그린
떡과 같아서 먹을 수가 없다."

노육은 고과법考課法을 만들어 재능보다도 덕행을 중시했다. '화병畵餠'
이란 이 고사에서 나온 것으로 그림으로 그린 떡은 먹을 수 없기 때문에
실용에 닿지 않는 것을 말한다. 계획 등이 헛되이 수고함에 그치는 것을
'화병으로 돌아간다'고 말한다.

문제文帝의 지시는 '재간을 떠는 구변 좋은 무리는 등용하지 말라. 특히 세간에서 인기를 끌고 있는 유명인은 실제로는 쓸모가 없다'는 것이었다. 아버지인 조조와 함께 창업의 쓰라림을 겪은 만큼 문제의 말은 상당히 일리가 있고 현실적이다.

[조식]

콩과 콩깍지, 형제간의 경쟁

'삼국지'의 영웅 조조는 장자인 조비, 삼남인 조식과 함께 모두 문학에 재질이 있어 '삼조'라고 불려 건안문학의 꽃을 피웠는데, 특히 조식은 당대 제일의 문재文才로 알려져 조조는 그 재주를 깊이 사랑하고 있었다.

형제간의 경쟁은 남남끼리 보다 더하다고 한다. 후계자 자리를 놓고 다투고 있다면 더욱 그럴 것이다. 조비와 조식 사이가 그랬다. 조비는 즉위해 위의 문제가 된 다음에도 조식의 대한 시기심을 버릴 수 없어 조식을 괴롭히곤 했다.

어느 날, 조비는 동아왕東阿王인 조식에게 칠보를 걷는 동안에 시를 읊으라고 했다. 만일 못 하면 엄벌하겠다고 명령했다. 글재주가 뛰어난 조식은 그 자리에서 시를 지었다.

콩을 삶음에 콩깍지를 태우니煮豆燃豆其,

가마 속 콩이 뜨거워 우는구나豆在釜中泣.

본시 같은 뿌리에서 나왔건만本是同根生,

뜨겁게 삶음이 어찌 이리 급한고相煎何太急.

이 시를 듣고 조비는 양심의 가책을 느꼈다. 그래서 조식을 죽이지 않고 도로 봉읍지로 돌려보냈다. 조식은 그 후 경성에서 멀리 떨어진 작은 군에 있다가 울화병으로 죽었다.

작시가 빠른 것, 또 문재가 풍부한 것을 '칠보지재七步之才'라 하고 골육인 형제가 다투고 괴롭히고 죽이는 것을 '자두연기煮豆燃其(콩을 삶는 데 콩깍지를 태운다는 뜻으로, 형제가 서로 시기하고 싸움을 이르는 말)'라고 하는 것은 이 고사에서 온 것이다.

형인 조비도 일류 문인이었기 때문에 동생 조식의 문재를 더더욱 눈부시게 생각하고 있었음에 틀림없다. 그래서 형은 더 시기하고 심술궂게 동생을 괴롭혔다. 하지만 동생의 진정이 넘치는 시는 형의 가슴을 꿰뚫었다.

황후를 연모해 낳은 명구

중국에서는 미인을 형용하여 '침어낙안沈魚落雁(고기는 부끄러워서 물속으로 들어가고 기러기는 부끄러워서 땅에 떨어짐)', '폐월수화閉月羞花(달이 숨고 꽃이 부끄러워한다는 뜻)'라는 대구가 사용되었다.

조조의 삼남 조식은 견일의 딸 견씨를 좋아했는데 그녀는 형인 조비에게 시집 가 조비의 즉위와 함께 견황후가 된다. 그런데 얼마 안 있어 곽씨에게 황후의 자리를 빼앗기고 죽임을 당한다. 조식은 그 유품인 베개를 형인 조비로부터 받아 돌아오는 길에, 견씨의 모습을 낙수落水의 신비에 비유하여 노래한 것이 그의 대표작이라는 '낙신부洛神賦'이다.

'엷은 구름에 싸인 달처럼 아련하고 흐르는 바람에 눈이 날리듯 가뿐하다'고 노래하고 있다. '폐월'은 여기에 따른 것이라고 한다. 또 '수화'는 이백의 '서사시'에 '수색秀色은 고금古今을 덮고 연꽃은 옥안을 보고 수줍어한다'는 구가 있어 여기에 따른 것이라고도 한다.

'낙신부' 폐월의 명구를 낳은 부분에 이어 그는 다음과 같이 노래하고 있다.

"어깨는 깎은 듯 매끄럽고 허리는 흰 비단을 엮은 것 같다. 목덜미는 길고 아름다우며 흰 살결을 드러내고 있다. 향기로운 연지를 바르지도 않고 분도 바르지도 않았다. 구름과 같은 모양으로 튼 쪽은 높직하고 길게 그린 눈썹은 가늘디 가늘다. 빨간 입술은 사람의 눈을 끌고 하얀 이는 입 안에서 선명하다. 맑은 눈은 때로 곁눈질 치고 보조개는 귀엽다."

'명모明眸'란 시원스럽고 맑은 눈동자, '호치晧齒'는 하얗고 아름다운 이를 말한다. '명모호치'란 여기에서 나와 미인의 형용사가 되었다. 두보는 장안에서 안록산의 반군에 잡혔을 때 '애강두哀江頭'라는 한 편에서 이 말을 빌어 지난날의 양귀비를 생각하며 '명모호치 지금은 어디에 가고 없는가'라고 노래했다.

형 조비에게 빼앗긴 견씨의 딸(견황후)을 조식은 죽을 때까지 연모했다. 위의 명구는 그의 연심에서 우러난 것이다.

[곽후]

야심가인 황후의 '검은' 내조

조비의 황후인 곽후는 원래 군郡의 장관이었던 곽영의 딸로 태어났을 때부터 남달라, 곽영이 '내 딸은 여자 가운데 왕이다'라고 말하며 '여왕'이라고 불렸다고 한다.

조조가 위왕이 되었을 때(216) 동궁으로 들어갔다. 지략에 있어 항상 조비에게 헌언했고 조비가 황태자가 되는 데에도 책략을 일삼았다. 조비가 즉위하자 참소하여 조예(후일의 2대 명제)를 낳은 견황후에게 죽음을 내리게 하여 222년에 황후의 자리에 앉았다. 『위략魏略』에 따르면 견황후는 머리칼로 얼굴이 덮이고 겨로 입이 틀어막힌 채 매장되었다고 한다.

이보다 앞서 중랑(숙직하여 임금을 호위하는 사람)인 잔잠이 곽황후를 세우는 것에 반대하여 문제에게 상소를 올려 '예로부터 제왕의 정치에는 밖에서 정치를 돕는 자뿐만 아니라 내조도 있습니다'라고 말하고 가르침으로 알아야 할 선례나 관례, 『역경』이나 『춘추좌씨전』에 적힌 것을 들어 신분이 미천한 사람이 높은 자리를 탐하는 위험을 설득했으나 문제는 듣지 않고 급기야 곽황후를 추대하여 세웠다.

'내조'란 내부에서 돕는다는 의미로, 내덕內德의 공을 말한다. 요즘은 '내조의 공'이라 하여 널리 아내가 가사를 잘 돌보아 남편을 돕는다는 의미로 사용된다.

문제가 죽은 다음 곽황후는 견황후의 아들 조예(명제)에게 죽임을 당해 견황후와 같이 머리털로 얼굴이 덮이고 겨로 입을 틀어막힌 채 매장되었다.

[조예]

논공행상論功行賞은 부지런히 한다

위의 문제 조비는 226년 병사했는데 죽기 며칠 전 조예를 황태자로 정하고 일족의 맹장 조진과 조휴, 유학과 법도에 능통한 진군, 원로 사마의에게 후사를 부탁했다. 조예는 즉위하여 2대 명제(재위 226~239)가 되었는데 문제의 죽음은 오·촉의 두 나라가 위를 치는 기회를 주었다.

석달 후인 8월에는 오의 손권이 스스로 병력을 이끌고 강하군江夏郡(호북성)으로 쳐들어왔다. 태수인 문빙이 방어에 나섰다.

조정에서는 출병하여 이를 구원하려 했으나 명제는 '오는 원래 수전水戰에 능하다. 그런 오가 배를 버리고 육상의 전투로 나온 것은 우리 측의 미비한 데를 노린 것일 게다. 그러나 목하 강하의 태수 문빙과 대치 중이라 얼마 있으면 공수攻守(공격과 수비)가 뒤바뀔 것이다'라고 말했다. 과연 그 말대로 손권은 퇴각하고 말았다.

또 강하에 대한 공격에 호응하여 오나라 제갈근, 장패 등이 양양으로 쳐들어갔으나 무군대장군 사마의가 이를 격파하고 장패를 베었고, 정동대장군 조휴도 오의 별장別莊을 심양에서 격파했다. 그래서 공적을 조사하여 상을 주고, 각각 위계位階(벼슬의 품계)를 수여했다.

'논공論功'이란 공훈의 크고 작은 것을 조사하는 일이며『사기史記』, 『한서漢書』 등에서는 '논공행봉論功行封'이라든가, '논공정봉論功定封'이라는 말을 볼 수 있지만 현재까지 아직 남아 있는 것이 이 '논공행상'이라는 말이다.

[양기]

황제 정치의 맹점을 찌른 악당

후한은 외척과 내시의 폐해로 망했다는 말까지 있는데 외척에서 가장

해독을 끼친 이는 8대 순제順帝의 황후 동생인 양기로 3대 20년에 걸쳐 실권을 잡았으며 신하로서는 최고의 지위까지 올라갔다. 순제가 죽자 아직 기저귀를 차고 있는 두 살짜리 황제인 중제仲帝를 세웠는데 세 살 때 죽자 이번엔 여덟 살밖에 안 되는 질제質帝를 세웠다. 질제는 어려서부터 총명하여 어린 마음에도 양기의 횡포와 교만한 꼴이 눈 뜨고 못 볼 지경이었다. 어느 날, 여러 신하를 알현하고 있는 자리에서 양기를 보고 말했다.

"아, 발호跋扈장군이구나."

양기는 이 말을 듣고 질제를 크게 미워해 측근에 명령하여 짐독(짐이라는 새의 털을 술에 담가서 만든 독)을 떡에 섞어 먹여 질제를 죽였다. 질제는 즉위했을 때의 나이인 여덟 살에 죽었다고 한다.

'발호'의 '발跋'은 밟는다, 넘는다. '호扈'는 갈대로 엮은 자리 비슷한 것으로 작은 고기는 걸려서 남지만 큰 고기는 그것을 뛰어넘어 도망치기 때문에 '발호'라고 한다. 일반적으로 제멋대로 놀고 세력을 휘두르는 것을 말한다.

또 수의 양제煬帝가 배에서 폭풍을 만나 시달리다 '이 바람을 발호장군이라고 하라'고 말했다. 이후 '발호장군'은 폭풍을 의미하기도 한다.

어린 질제는 주위 어른들의 말을 듣고 그대로 입에 올렸겠지만 그것이 정곡을 쏜 것이어서 포악하고 교만한 양기는 제정신이 아니었던 것 같다.

1800년 전의 뇌살법

후한왕조는 4대 화제和帝 때부터 역대에 걸쳐 어린 천자가 즉위하여 황태후의 섭정이 되었다. 이 때문에 측근 세력인 외척과 내시가 권력을 잡는 정치가 계속되어 나라가 기울어졌다.

8대 순제의 외척 양기(누이가 순제의 황후)는 9대 중제가 죽자 10대 질제를 세웠는데 이를 독살하고 내시인 조등(조조의 양조부)과 짜고 11대 환제桓帝를 세워 여동생을 환제의 황후로 맞아들이게 하여 세력을 확장했다. 일족은 신하로서는 더할 수 없는 지위를 차지했으며, 화평 원년(150)에 그의 아내인 손수는 환제桓帝의 장녀와 똑같은 대우를 받으며 지냈다.

손수는 미인으로 몸을 배배 꼬며 사나이를 살살 녹이는 일에 능하여 수미愁眉(근심스러운 듯 찌푸린 눈썹), 제장啼妝(눈 밑을 엷게 화장하여 고운 듯이 보이게 하는 화장법), 타마계墮馬髻(말에서 떨어진 쪽이라는 뜻으로 머리 쪽이 한쪽으로 치우치게 트는 방법), 절요보折腰步(허리를 조금 굽히고 살짝살짝 흔들며 걷는 것), 우치소齲齒笑(충치가 아플 때처럼 반쯤 찡그리며 살짝 웃는 모양) 등의 사나이를 녹여내는 뇌살법을 생각해냈다.

양기도 이에 질세라 탈 것이나 옷을 만드는 데에 새롭고 기이한 방법을 생각해내 옹신선擁身扇(몸 전체를 감출 수 있을 정도로 큰 부채), 호미단의狐尾單衣(여우꼬리처럼 만든 홑옷)를 즐겨 쓰고 입었다고 한다.

『후한서』「오행지五行志」에 환제의 원가元嘉 연간에 손수가 고안한 뇌살법이 유행했다고 나와 있다. '수미'는 보통 근심스러워 찌푸리는 눈썹, 수심에 찬 눈, 걱정스러운 표정 등의 의미로 사용된다. '수미를 편다(근심 걱정이 풀려 마음을 놓는다)'는 것은 유겸의 '춘유시春遊詩'에 나오는 말이다.

[진식]

사람은 칭찬하면 속을 털어놓는다

후한 말의 진식은 청렴한 사람으로 태구현(하남성)의 장관이 되어 선정을 베풀어 현은 잘 다스려지고 명망이 있었다. 후일 내시에 대항해 관직에서 떠나게 되었지만 퇴관 후에도 진태구陳太丘라고 불렸다.

태구현의 장관으로 있던 어느 해 막심한 흉작으로 백성들은 먹을 것이 없어 허덕이고 있었다. 어느 날 밤, 도둑이 그 방에 몰래 들어와 들보 위에 웅크리고 있었다. 진식은 그 기미를 알아차리고 옷차림을 단정하게 한 다음 아들과 손자를 불러 타이르면서 말하였다.

"사람은 수양을 게을리하면 안 된다. 좋지 않은 일을 하는 사람은 본시부터 그렇게 나쁜 사람은 아닌 것이다. 하던 버릇이 습성이 되어 그렇게 되는 것인데 저 '양상梁上(들보의 위)의 군자'도 바로 그렇다"

도둑은 크게 놀라 스스로 뛰어내려 엎드려 죄를 받으려고 했다. 진식은 조용히 타이르며 '보기에 악인 같지 않으니 깊이 반성해서 자기를 극복하면 선으로 되돌아 설 수 있을 것이다. 모두가 가난한 탓이겠지'라고 말하고 비단 두 필을 주며 보내주었다. 그 이후 현에는 도둑이 없어졌다고 한다.

이 고사로 도둑을 '양상군자'라고 하게 되었고 후에는 쥐를 가리키는 말로도 사용되었다. 중국에서는 다시 용법이 바뀌어 사상적으로 우유부단한 지식인을 말한다. 이 도둑이 뛰어내릴 때까지 아마 꽤 미적거렸을 것이라는 데서 만들어진 성어이다.

형제의 우열을 가릴 수 없다

후한 말엽에 가까운 11대 환제桓帝, 12대 영제靈帝 때는 내시의 전횡이 심하였다. 이 때문에 관직에의 길이 끊긴 정의파 관료나 관료예비군인 태학생들이 당인이라는 정치단체를 결성해서 저항하며, '당고의 화黨錮之禍'라는 탄압사건을 불러일으켰다.

진식은 태구현의 장관으로서 명망이 있었으나 역시 내시에 저항하여 옥에 갇히기도 했으며 나중에는 고향으로 돌아가 다시는 관리 노릇을 하지 않았다고 한다. 그의 장남 원방은 후한 말, 동탁 밑에서 시중으로 승진했으나 동생인 계방은 젊어서 죽었다. 모두 명성을 얻어 아버지나 형과 함께 삼군三君이라고 불렸다.

원방의 아들 장문도 뛰어난 재능을 타고나 조조정권을 거쳐 위의 문제 조비 밑에서 대신이 되어 유명한 '구품구인법(처음으로 관직을 의계품 등으로 나눈 관제 및 관리등용법)'을 입안, 제정했다.

　어릴 적에 장문과 계방의 아들 효선은 서로 자기 부친의 공적을 들면서 우열을 논한 일이 있는데 결판이 나지 않아 조부인 진식의 의견을 물어보았다. 그러자 진식이 말했다.

　"원방은 형, 계방은 아우지만 덕행으로 보면 원방을 형이라고 하기 어렵고 그렇다고 계방을 아우라고 하기도 어렵다."

　'난형난제難兄難弟'란 여기서 나와 형제의 우열을 가릴 수 없다는 뜻이 바뀌어 상하우열을 가릴 수 없는 것을 말한다.

[진번]

마음만 먹으면 한가할 틈이 없다

　후한 말의 사람인 진번은 그 언행이 세상의 모범이 될 만한 인물이었다.

　예장군(강서성)의 장관이 되었을 때, 부임하는 도중에 당시 덕행으로 이름난 서수자의 집을 찾으려고 했다. 군의 주부(서무주임)가 '우선 공청으로 들어가시지요. 모두들 기다리고 있습니다'라고 말하자 진번은 이렇게 대꾸했다.

　"주周의 무왕武王은 은殷의 현자 상용이 사는 고을로 들어서자 경의를 표하기 위해 수레에서 일어선 채 있었기 때문에 자리가 더울 틈이 없었다고 하네. 내가 현자에게 경의를 표한다고 해서 뭐 잘못된 일은 없을 게 아닌가."

'석불가난席不暇暖'이란 말은 후한의 명제, 장제 밑에서 벼슬을 한 『한서漢書』의 저자 반고의 「답빈희答賓戱」에 나온다.

"공자는 가르침을 퍼뜨리기 위해 여러 나라를 두루 돌아다녀 그가 앉을 자리가 더울 틈이 없고, 묵자도 도를 펴기 위해서 여러 나라를 주유하느라 집의 솥에 그을음이 낄 사이가 없었다."

이는 '느긋하게 앉아 있을 틈도 여유도 없는 것'을 말하는 것으로, 지금은 그 정도로 분주하다는 것에 비유한다. 진번은 후일 영제가 즉위했을 때 태부(최고의 관직)까지 승진했으나 내시의 반란 때 붙잡혀 처형되었다.

앞문에서 호랑이를 막으니 뒷문에서 늑대가 나타나

후한왕조는 4대 화제 이후 어린 천자가 즉위하여 외척과 내시의 폐해가 계속되었다. 후한 말의 11대 영제도 12세 때 즉위하고 두태후가 섭정이 되어 오척(두태후의 아버지)인 두무가 권력을 장악하자 태부가 된 진번과 함께 내시세력을 일거에 쓸어버리려고 내시인 후람, 조절 등의 주살을 꾀했다.

하지만 운수가 사나워 그 상주서를 어느 내시가 훔쳐보게 되었다. 조절은 선수를 쳐 두무 등에게 천자폐립의 누명을 씌워 금군(궁중을 지키는 군대)을 장악하고 반란을 일으켜, 우선 입궐한 진번을 붙잡아 처형하고 이어 두무를 자결케 하는 한편, 두 태후를 남궁으로 옮겨 정의파 관료인 이응 이하 백여 명을 옥사시켰다. 이를 제2차 당고 사건이라고 한다.

'조설항평사趙雪航評史'는 화제의 외척 두헌을 내시인 정중이 타도했을 때, 이렇게 해서 '두씨(외척)는 제거되었지만 내시의 세력은 이로써 더 성하게 되었다. 격언에 '앞문의 호랑이를 막으니 뒷문에 늑대가 나타난다'란 말은 이를 가리키는 것이 아닐까라고 한탄했다고 한다.

'전문거호 후문진랑前門据虎 後門進狼'이란 앞문에서 호랑이를 막고 있는데 뒷문에서 늑대가 나온다는 의미로, 재난이 잇따라 찾아오는 것을 비유하는 말이다.

진번은 학생이나 지식층의 여망을 한 몸에 지고, 후한 말의 정계 정화에 노력한 정의파 명사였다.

[이응]

학생의 '등용문'이 된 인물

후한 11대의 환제 때, 선초 등 내시의 전횡정치는 태학(국가교학의 최고기관으로 일종의 관료양성기관)의 학생 삼만여 명을 배경으로 하는 정의파 관료의 저항을 불러일으켜 내시를 통론하고 인물의 정사正邪(바른 일과 사악한 일을 아울러 이르는 말)를 품평하는 '청의淸議운동'이 활발해졌다.

당시의 태위太尉 진번의 천거로 사예교위(치안본부장)가 된 이용은 정의파 관료의 대표적인 인물로 뛰어난 풍격風格(글이나 그림 따위에서 나타나는 고상하고 아름다운 면모나 모습)에 자기 절조를 높이 지키고, 천하의 명교(유교를 말함)를 유지하여 시비를 올바르게 잡는 것으로 자신이 적임자라 자부하고 있었다.

학생들은 '천하의 모범은 이원례(이용의 자), 강적을 두려워하지 않는 자는 진중거(진번의 자), 천하의 수재는 '왕숙무'라고 평했다. 이용의 명성은 더욱더 높아져 이용 집의 바깥 대청에 오르는 자가 있으면 사람들은 그를 용문에 올랐다고 말했다.

'용문龍門에 오른다'의 용문은 황하의 상류에 있는 산 이름으로 하수河水가 이곳을 흐를 때 가장 급하여 큰 강이나 바다의 대어 수천이 군집은 하나 오르지를 못 하며, 만일 이 급류를 끝까지 오를 수 있다면 그 물고기는 용이 된다는 전설이 있다. 등용문登龍門은 이 전설이 이용과 만날 수 있는 것과 결부되어 생긴 말로, 바꾸어 말하면 명사名士와 면접할 수 있는 것, 영달榮達하게 되는 것을 말한다. 당대에서는 진사에 합격하는 것을 말했기 때문에 입신출세, 영달의 관문, 나아가서 상급학교 시험 때의 유명한 학교를 말하게 되었다. 이용은 그 시대의 이상에 가장 가까운 인물이었다.

[백파적]

'화적당'의 기원

후한 말인 169년, 내시의 세력은 제2차 당고 사건을 일으켜 청의파清議波 관료를 일소했다. 약 10년 후에는 매관매직이 성행하여 최열이 오백만 전錢으로 재상이 됨으로써 '동취분분銅臭紛紛'이라는 말까지 생겼다.

한편 지방에서는 호족의 영지화領地化 경향이 심해져 농촌의 수탈에 의한 빈민의 증가는 184년, 신흥종교인 태평도 교주 장각의 교단조직과 군단조직을 갖는 황건란黃巾亂을 불러일으켰다. 내시의 정권은 황보숭 등에게 명령하여 하남河南과 하북河北의 반란군을 격멸토록 했으나 반란의 물결은 그칠 줄 몰라, 186년 이후에는 황건의 잔당인 백파적이 산서성山西省에서 일어났다.

『한서漢書』「영제기靈帝紀」는 이것을 '장각이 반란을 일으켜 황보숭이 이를 쳤다. 장각의 잔당은 서하의 백파곡(산서성의 동남, 황건의 성채)에 있어 시속時俗(그 당시의 풍속)에 백파적이라 한다'라고 기술하고 있다. '백파白波'란 백파곡, 즉 백파적의 명칭에서 바뀌어 도적을 말하게 되었다.

[조온]

남아라면 슬기와 배짱으로 웅비

후한 11대의 환제 때, 내시에 의한 측근정치의 폐해에 대해 정의파 관료가 저항하고 '당고지화黨錮之禍'라고 하는 탄압사건이 일어나, 태학생太學生들과 같은 젊은 지식인들의 지지 아래 '당인黨人'이라는 그룹의 명망이 높아졌다.

그룹의 중추에 있는 사람들은 삼군三君, 팔준八俊, 팔고八顧, 팔급八及, 팔주八廚 등으로 등급되어 불렸다. 진번, 두무는 '삼군', 이용이나 촉의 성도成都 사람으로 환제의 시중(시종관)으로서 직언을 서슴지 않는 조전 등은 '팔준'의 한 사람이었다. 이 조전의 형의 아들 중 조겸, 조온이라는 형제가 있었는데 후일 모두 삼공(최고의 관직)으로까지 승진했다. 조온은 처음에는 경조군京兆郡의 승(군 장관의 속관)으로 있었는데 다음과 같이 남아의 기개를 보이면서 관직을 버리고 경도를 떠났다.

"대장부는 마땅히 활개치고 천하를 경영할 것이요. 아녀자처럼 집안에 칩복蟄伏하여 일생을 낭비할소냐!"

또한 그는 기근이 든 해에는 집에 비축해 두었던 식량을 풀어 만 명 이상 백성들의 생명을 구하기도 했다. 후에 동탁의 난이 일어나자 14대 헌제의 시중이 되어 장안으로 수행, 193년 사공(삼공의 하나)으로까지 승진했는데 조조의 노여움을 사 파면될 때까지 헌제의 수호에 전력을 다했다.

'대장부당웅비大丈夫當雄飛(사나이는 마땅히 수컷답게 날아야 한다. 남자다운 의기를 나타낼 때 즐겨 쓰는 말)'는 '웅비雄飛'와 '자복雌伏'이 쌍으로 된 성어이다.

[한복]

난세에는 맞지 않은 '군웅'

후한왕조를 기울게 한 외척과 내시의 폐해는 12대 영제가 죽자(189), 영제의 아들인 변弁을 세운 하태후何太后의 오라비인 대장군 하진은 명문사족인 호족 원소와 내시의 일소를 꾀하다가 거꾸로 죽임을 당하고, 이어 원소가 내시 이천 명을 몰살했기 때문에 단숨에 소멸되고 말았다.

같은 해 도읍인 낙양으로 입성한 농서(감숙성)의 터키계 호족 동탁은 원소를 추방하고 변을 폐위케 한 다음, 변의 아우인 협을 헌제로 등극시켰다. 이때 후한왕조는 사실상 소멸했다.

190년, 후군장後軍將 원술(원소의 사촌동생), 기주의 목(장관) 한복, 발해의 태수 원소 등이 동탁토벌의 근왕연합군勤王聯合軍을 만들어 거병, 원소가 그 맹주가 되었다. 하지만 이것은 결속력이 약한 연합으로 후한은 이때부터 외척, 내시의 시대로부터 군벌 봉건할거封建割據의 시대로 들어선다. 크고 작은 봉건할거 속에서 자급자족의 자연경제로 되돌아가 식량

확보가 최대의 문제로 대두되었다. 원소는 부하인 봉기의 헌책을 받아들여 식량이 풍부한 기주를 노리고 사람을 보내 한복을 설득시켰다. 한복은 원소와 가까운 사이였기 때문에 솔깃했다. 그러자 한복 휘하의 경무, 민순, 저수, 이력 등이 한복에게 간언했다.

"기주는 변방이기는 하지만 군대는 백만이나 있고 식량은 10년을 지탱할 수 있습니다. 원소는 혼자이고 그것도 타국에서 온 궁핍한 군대입니다. 그래서 눈치를 봐가며 이쪽 기색을 살피고 있는 것입니다. 이를테면 젖먹이가 무릎을 타고 있는 것과 같아서 젖을 주지 않으면 곧 굶겨 죽일 수 있습니다. 그런데 어째서 기주를 그에게 주려고 하십니까?"

또 군사행동으로 원소를 물리치라고 충고하는 사람도 있었으나 한복은 듣지 않고 결국 원소에게 기주를 양도했다.

관리출신으로 난세에 잘 맞지 않았던 한복은 나중에 자살했다. 기색을 살핀 것은 오히려 한복 쪽인지도 모른다.

[여포]

장군을 기르는 것은 호랑이를 기르는 것과 같다
후한 말의 도읍 낙양은 동탁의 살육, 약탈로 폐허가 되어버렸다. 이에

190년 원소를 맹주로 하는 반동탁연합군이 결성되어 군웅이 이합집산離合集散을 되풀이하는 군벌할거시대로 돌입한다.

여포는 북방국경인 오원군(내몽고의 오원현 부근)에서 태어나 자사刺史인 정원에게 발탁되었다. 정원이 동탁 밑에서 낙양의 헌병사령관이 되었을 때 그를 배반하여 암살한 후부터 동탁이 여포를 중용하게 되었다. 동탁과는 부자의 의를 맺고 그 호위역을 맡을 정도의 사이였는데 192년, 왕윤의 계획에 가담하여 동탁마저 죽여버렸다. 배반에 배반을 거듭한 것이다.

그 후, 장안을 탈출하여 원술을 믿고 남양(하남성)으로 갔지만 여포의 광포함을 경계한 원술에게 거절당하고 기주의 원소에게 의지하게 되었다. 그러나 동탁을 살해한 광포함을 혐오한 원소가 죽이려 하기에 도망쳐 남쪽으로 내려가다가 194년, 진류(하남성 개봉부)의 태수 장막의 부추김으로 조조의 본거지인 연주(산동성)를 습격하기로 했다. 당시 연주의 목(장관)이었던 조조는 서주(산동성 남부), 강소(안희성 북부)의 도겸과 싸우기 위해 출격 중이었다. 이때 조조는 복양에 주둔하고 있던 여포의 계략에 빠져 붙잡혔으나 간신히 도망쳐 서주로부터 철수했다.

한편, 조조의 침입에 허덕이고 있던 도겸은 병사하기 전에 유비를 천거하였기 때문에 진등이 사자로 나가 유비를 서주의 목으로 임명하였다. 여포는 이듬해 정도定陶에서 참패를 당하고 서주의 유비에게 도망쳤다. 그러나 반복무상叛服無常(배반하였다 복종하였다 하여 그 태도가 일정하지 아니함)한 여포는 유비가 없는 사이에 그 본거지인 하비성을 강점했다. 유비는 도망쳐 조조에게 몸을 의탁했다.

이때 여포는 진등을 조조에게 보내 서주의 목이 되겠다고 말했으나 성공하지 못했다. 여포는 서주를 손에 넣어 천하를 노리는 발판으로 삼으려 했던 것이다. 진등은 돌아와서 여포에게 보고했다.

"저는 조조와 만나 이렇게 말했습니다. '여포 장군을 기르는 것은 호랑이를 기르는 것과 같습니다. 실컷 고기를 먹여야 합니다. 실컷 먹지 않으면 사람을 물어뜯을 것입니다.'

그러자 조조는 '그게 아니요. 마치 매를 기르는 것과 같아 굶주렸을 때는 사람을 따르지만 실컷 먹으면 하늘 높이 날아가 버리는 법이오'라고 말했습니다."

진등은 조조를 협박했지만 조조는 반복무상한 여포의 말을 거부한 것이다.

198년, 조조는 유비를 데리고 하비성으로 진격하여 여포를 공격했다. 여포는 부하들의 배반으로 포로가 되어 꽁꽁 묶인 채 조조, 유비 앞에 끌려나왔다. 이때 여포는 유비에게 '이렇게 꽁꽁 묶으니 아파서 견딜 수가 없소. 말 좀 해서 느슨하게 해주시오'라고 말했다. 그러나 조조는 언젠가 진등이 여포를 호랑이로 비유한 것을 생각해내고 웃으며 말했다.

"호랑이를 묶는데 섣불리 묶을 수는 없지 않은가."

그리고 여포를 목매달아 죽이도록 명령했다.

『삼국지』「여포전」에는 다음과 같이 기술하고 있다.

"여포는 미쳐 날뛰는 호랑이와 같은 용기는 있지만 이렇다 할 책략이 없고, 진중하지 못하고 교활한 데다 반복무상하여 이익만을 추구했다. 자고로 이렇게 행동해서 망하지 않은 자가 없다."

[유표]

수서양단首鼠兩端은 결국 졸책

후한 말엽인 200년 10월, 위의 조조가 북방 최대의 군벌인 원소를 무찌른 '관도官渡의 싸움'은 조조가 북방통일의 기초를 다진 중대한 결전이었다.

양군은 전년 9월부터 관도에서 계속 대치하고 있었는데, 이듬해 4월 조조는 '백마白馬의 전투'에서 원소의 명장인 안량, 문추를 베어 버림으로써 원소에게 큰 타격을 줄 수 있었다. 하지만 원소군 십여만 명에 비해 조조의 군대는 불과 삼만여 명, 관도에서 대치가 계속되는 동안 조조도 한때는 도읍인 허도로 철수하려 했을 정도였다.

당시 형주의 목이었던 유표는 원소로부터 구원을 요청받고 이를 승낙했으면서도 아무 일도 하지 않았을 뿐만 아니라, 조조도 도우려 하지 않고 자기 영지만 유지하면서 천하의 대세를 관망하고 있었다.

이때 막료인 한숭, 유선 등이 "십만의 대군을 갖고 있으면서 팔짱만 끼고 관망하고 있다가는 양쪽모두에게 원망을 듣게 됩니다. 조조는 원소를 무찌른 다음 반드시 이쪽으로 쳐들어올 것인데, 아마 우리는 막을 수 없을 것이니 조조를 따르는 것이 좋겠습니다. 그러면 조조는 우리를 고맙게 생각할 것이니 길이 복을 받아 이를 다음 대가 이어받도록 할 수 있을 것입니다. 이것이 만전지책萬全之策(만전을 기하는 계책이란 말로, 조금도 허술함이 없는 아주 완전한 계책이라는 뜻)입니다"라고 설득했다. 하지만 의심이 많은 유표는 결국 결단을 내리지 못해 후일에 화근을 남기고 말았다.

'만전'이란 말은 『한비자』에 나오는 말인데 '만전지책'이란 성어는 이것이 출전이다.

관료 출신인 유표는 수세본능守勢本能이 강하였다. 이 경우 필연적으로 '수서양단首鼠兩端(진퇴·거취를 결정짓지 못함)'을 결정한 것이 아니라 그저 소극적으로 형세를 관망한 데 지나지 않는다. 오히려 부하들이 정세에 대해 예민한 감각을 갖고 있었다.

[마량]

명참모 '백미'와 '와룡'

유비가 제갈공명을 막하로 영입했을 때 공명이 의형제를 맺은 마량은 자를 계상이라 하는 촉의 명참모였다. 유비가 촉으로 입성하자 형주에 머물러 남방의 이민족 설득에 공적을 올려 시중으로 임명되었다.

마량은 양양군 의성 태생으로 5형제였는데 자에 모두 '상常'자가 붙어 있어 '마씨馬氏의 오상五常'이라고들 했다. 형제는 모두 학문을 좋아해 한결같이 뛰어난 인재였지만 특히 다섯 중 마량이 제일가는 인재라 하여 고향에서 평판이 나있었다. 그런데 그 칭찬하는 방법이 약간 별다른 데가 있어 '마씨의 오상五常은 모두 인재지만 흰 눈썹이 제일이다'라고 말하곤 했다.

마량은 날 때부터 흰 눈썹에 많았기 때문에 '백미白眉'라고들 했다.

유비가 촉한제국蜀漢帝國을 세워 한중漢中을 차지한 건안 24년(219), 형주의 관우가 위와 오의 동맹국에게 패했다. 이듬해 복수에 나선 유비는 공명과 의논하지 않고 오와 싸워 크게 패했고 마량도 이 싸움에서 전사했다.

'백미'란 이 고사에서 나온 것으로 다수 중에서 '눈에 띄게 뛰어난 자'를 말한다. 제갈공명이 군기를 지키기 위해 참한 마속은 마량의 아우이다.

마량이 '백미'라고 불렸듯이 공명은 청년시절에 '와룡'이라고 불려 그 재능이 촉목囑目(무엇을 눈여겨봄)되었다. 이 두 사람은 유비의 진영에서 만나 의형제를 맺고 촉의 번성을 위해 전력을 다했다.

[동우]

가르쳐 달라기보다는 책을 읽어라

위魏의 동우는 젊었을 적에 근방에 난 벼를 주워 팔러 다녔는데『경서經書』를 손에서 놓지 않고 틈만 있으면 읽었다. 형이 그것을 보고 비웃었지만 그는 여전했다. 그리하여 그는 후한 말인 헌제의 건안 연간(192~219) 초에 효렴孝廉으로 천거되어 시종侍從까지 승진했으며, 정무를 조조에게 맡겨 한가한 헌제의 시독역侍讀役을 맡아 총애를 받았다.

당시 촉의 유비가 강대했고 조조는 관직에 있었다. 마침 도읍인 허도許都에서 모반이 있었는데 동우는 이에 휘말려 한직으로 좌천되어 항상 조조를 따라다녔다. 조조가 죽은 후, 위의 문제 조비, 명제 조예를 모셔 대사농(재무장관)으로까지 승진했다.

처음에는『노자老子』에 정통하여 그 훈주訓註를 만들었다. 또『좌전』에도 해박하여 처음으로 주묵朱墨(붉은 빛깔의 먹)을 사용하여 주를 만들었다. 어떤 사람이 제자가 되려고 했는데 가르치려고는 하지 않고 책을 몇 번씩이나 읽도록 권하면서 다음과 같이 말했다.

"한 권의 책을 백 번 되풀이해서 읽으면 몰랐던 것도 절로 알게 되는 법이다〔독서백편의자견讀書百遍義自見〕."

그리하여 그 후에는 그의 문을 두드리는 자가 드물어 애써 만든 주를 전승할 사람도 없어졌다. 그러나 난독亂讀(책의 내용이나 수준 따위를 가리

지 않고 닥치는 대로 마구 읽음)보다 숙독할 필요를 강조한 독서법은 후세
에 길이 전해졌다.

'남에게 가르쳐달라고 하기 전에 책을 잘 읽어라'는 정론이다. 동우는 정론
으로 실패했지만 역시 정론은 후세에 남았다.

[하안]

귀족의 청담무위는 망국지조

후한 말에 벼슬길이 끊긴 선비들 사이에서 내시의 정권을 통론하고 인
물의 정사正邪를 비평하는 이른바 '청의淸議' 운동이 일어났다. 그런데 당
고사건黨錮事件이라는 탄압을 불러 선비들은 은일隱逸(세상을 피해 숨음)적
인 방향으로 기울어졌다.

서진西晉시대로 접어들자, 구품중정제도九品中正制度에 의해 귀족사회가
출현하면서 부화浮華(실속은 없고 겉만 화려함)의 무리가 생겨 노장학老莊學
이 유행하여, 정시 연간(240~248)에는 노장·역학담론에 인간비평을 맞
춘 하안이나 왕필 등의 철학적인 청담淸談이 일세를 풍미했다.

249년, 사마의의 반란으로 하안은 주살된다. 이후, 사마의의 차남인
사마소가 위의 실권을 장악하고 그의 아들 사마염은 선위의 형식으로 제

위를 빼앗아 서진의 무제武帝가 되었다.

　이러한 음산한 음모의 시대에 음주飮酒와 청담淸談으로 자유분방하게 산 '죽림칠현竹林七賢'이 나타난다. 칠현 중 사마소를 비판한 혜강은 주살되고 귀족관료들의 청담淸談은 차츰 차츰 시들어 죽림칠현은 아류화亞流化했고, 서진의 말기에는 왕연이 관료사회에서 주재하는 무위의 청담이 되고 말았다. 예를 들면 백옥백모白玉白毛의 불자(모기나 파리를 쫓는 데 쓰는 손에 쥐는 채)를 들고 마주앉아 때로는 밤을 세워가며 문답승부를 벌이는가 하면, 풍채의 좋고 나쁨을 문제삼는 등 흉노의 침입을 부르는 망국적인 청담으로 화했다.

　'청담'의 모범은 노장이나 역학의 형이상학적인 담론인데 지금은 속세나 세속을 떠난 풍류의 담화를 말한다.

[죽림칠현]

'은일隱逸'인 체한 지식인

　위진魏晋의 교체기는 사마씨의 제위찬탈의 음모가 선양이라는 예교도덕禮敎道德의 미명 아래 준비되었다. 이에 도피나 하는 듯, 지식인 사이에서는 한말 이래의 은일적인 풍조가 더욱더 퍼져 나갔다. 그 전형이 술을 마시고 도를 논하고 인간의 본성을 추구한 '죽림칠현'이었다.

『세설신어世說新語』「임탄편任誕篇」은 죽림칠현에 대해 다음과 같이 기술하고 있다.

"진류(하남성) 출신의 원적, 초국(안휘성) 출신의 혜강, 하내(하남성) 출신의 산도는 모두 연령 차이가 별로 없었으나 혜강만이 젊고 손아래였다. 이들과 교류한 사람은 패국(강소성) 출신의 유령, 진류 출신의 원함(원적의 형의 아들), 하내 출신의 향수, 낭야(산동성) 출신의 왕융이다. 이들 일곱 명은 항상 죽림 밑에 모여 마음대로 음주하며 즐겼다. 그래서 세상에서는 이들을 죽림칠현이라고 했다."

이 글은 가문을 중시하는 귀족사회를 반영한 기술방법으로 그 중에서는 유령과 왕융이 제일 명문이었다. 일곱 명 중 실제로 진실晉室의 사마씨에 반항하여 살해된 것은 혜강뿐이며, 산도, 향수, 왕융은 사마씨와 밀착하여 고위 관직에 올랐다. 그러나 모두 개성적으로 자유롭게 살았다.

[원적]

속물에게는 백안, 진짜에게는 청안

죽림칠현의 한 사람인 원적은 명문에서 태어나 박람강기博覽强記(여러 가지 책을 널리 많이 읽고 기억을 잘함), 노장을 좋아하고, 술을 벗삼고 거문고에 능했다. 원래 사마씨 밑에서 벼슬을 했으나 사마중달의 반란으로 위의 왕족 조상 일당이 몰살되고 실권이 사마씨로 넘어간 무렵부터 칠현으로 방외方外(세속을 벗어난 곳)에 살았다고 한다.

어머니의 장례 때, 조문객이 와도 머리를 산발하고 침상에 주저앉아 조문객에 대한 예인 곡례哭禮도 하지 않았다. 그는 희노喜怒를 얼굴에 나타내지 않았지만 파란 눈과 흰 눈을 뜰 수 있었다. 그러면서 속된 예교의 선비를 만나면 백안으로 흘겨봤다.

역시 칠현의 한 사람이었던 혜강의 아우 희가 문상을 오자 백안으로 대했다. 희는 자기를 속물 취급한 데 화를 내고 물러났다. 혜강이 이것을 알고 거문고와 술을 갖고 찾아오자 원적은 크게 기뻐하며 청안의 눈매로 환영했다. 이 때문에 원적이 백안을 보인 예교의 선비들은 원수처럼 그를 싫어했다고 한다.

'백안'이란 눈의 흰 부분을 말하는데 원적의 고사 이래 사람을 천시하여 눈을 흘기는 것, 나아가서는 냉담한 눈매를 말하게 되었다 '백안시白眼視(남을 업신여기거나 무시하는 태도로 흘겨봄)'란 여기서 유래된 말이다.

원적의 백안은 예교를 받드는 선비의 속물근성과 위선을 지적하는 것이었다고 생각할 수 있다.

[초주]

나라를 망하게 하는 것이 더 낫다

촉의 후왕後王 유선(유비의 아들)의 신하로 있던 초주는 학문에 충실한 사람으로 유선의 건안 연간(223~237) 승상인 제갈공명 밑에서 권학종사 (관직의 이름)가 되었다.

234년, 제갈공명이 오장원五丈原에서 병사하자 그의 유언으로 승상이 된 대장군 장완 밑에 전학종사典學從事가 되었다. 이 장완이 죽자 유선에게 아부 추종하는 간신들이 고개를 쳐들어 촉의 국운은 크게 기울어지기 시작했다. 263년 등애 등이 이끄는 위의 대군은 급기야 촉의 수도인 성도成都를 육박해 들어왔다.

유선은 여러 신하에게 방책을 물었다. 오로 달아나 함께 위에 대항하자는 의견과 남방으로 도망쳐 저항하자는 의견이 나왔는데 오는 위에 패한다고 본 초주는 그 어느 쪽에도 반대하고, 오와 대립하고 있는 위는 유선의 항복을 받아들이지 않을 수 없을 것이라고 말하면서 위에 항복토록 설득했다.

유선은 이를 받아들여 위의 군문軍門에 무릎을 꿇었다. 이에 촉은 멸망했다. 과연 위의 상국相國 사마소는 유선을 죽이지 않고 안락공安樂公으로 봉하고 초주를 후候로 봉했다.

265년, 위의 원제元帝를 폐하고 서진의 무제가 된 사마염(사마소의 아들)은 초주를 낙양洛陽으로 불러 관직을 주었으나 초주는 신병 때문에 끝까지 벼슬길에 오르지 않았다.

초주는 젊었을 때부터 학문에 정진하여 집이 가난한 것을 조금도 마음에 두지 않고 책을 읽고 은연隱然히 혼자 웃으며 침식을 잊고 육경六經의 묘리를 터득하고 천문에 정통했다고 한다.

'침식을 잊는다'는 말은 그가 모신 장완의 장완전에도 나와 있는데 문자 그대로 잠자는 것, 먹는 것도 잊는다는 의미로 일에 열중하는 것을 말한다. 촉을 유지하는데 몸이 여위도록 마음과 힘을 다하여 애쓴 두 사람을 칭하는데 알맞은 말이라 할 것이다.

조직사회로 풀이하자면 실질적인 창업자요 사장인 제갈공명, 노련한 명전무 장완이 세상을 떠난 다음 촉 주식회사의 도산은 뻔한 일이었다. 그러므로 위의 공세는 촉을 비교적 좋은 값으로 매입하게 하는 절호의 기회였던 것이다.

[맹종]

이십사효二十四孝를 낳은 배경
삼국시대의 오의 맹종孟宗은 오주吳主 손호 밑에서 벼슬하여 사공(부승상)까지 승진했다. 그의 어머니는 현모로 알려진 사람이었는데 맹종 자신도 효자로 이름이 높아 이십사효의 한 사람으로 꼽혔다. 젊었을 때 감지사마監池司馬(연못을 지키는 관리)가 되었는데, 스스로 어망을 짜 그 못에 고기를 잡아 자(물고기 식혜)를 만들어 어머니에게 권했다. 그러나 어머니는 어관魚官이 식혜를 만들어 먹으면 의심을 산다고 훈계하고 먹지 않았다. 이 고사는 '맹종기자孟宗寄鮓'라 하여 당대當代 중기의 아동에게 옛사람들의 전기, 설화를 가르치기 위해 만든 '몽구蒙求'의 표제가 그의 이름을 유명하게 만들었다.

또 그의 어머니는 죽순을 좋아했다. 어머니가 돌아가시고 제삿날이 다가왔는데 때가 엄동설한인지라 어머니가 좋아하시던 죽순을 제사상에 올릴 수 없게 되었다. 안타깝게 생각한 맹종이 죽림으로 들어가 슬퍼하고 있는데 별안간 죽순이 돋아나 제사상에 올릴 수 있게 되었는데, 사람들은 모두 맹종의 지극한 효심에 감동하여 그런 일이 생겼다고 입을 모아 얘기했다고 한다.

'맹종죽'이라는 이름은 여기에서 비롯된다고 한다.

당시에는 겨울에 연못의 두꺼운 얼음을 깨서 잉어를 잡아 어머니에게 드렸다든가, 부모가 모기에 물리지 않도록 몸에 술을 발라 옆에서 잤다든가 하는 얘기가 많다. 사회적 명성이 벼슬길에 오르는 수단이었던 데 그 이유가 있을지 모르겠으나 청담 이론의 핵인 노장사상이 예교의 테두리를 깨버린 결과 오히려 인간 본래의 순수한 면이 나타났다고도 할 수 있을 것이다.

당시의 사회에서는 효성에서 걸출傑出하다는 것은 크나큰 사회적 명성으로
이어져 그 명성이 벼슬길에 오르는 수단으로도 되어 있었다.

[양호]

세상사 뜻대로 안 된다

삼국시대 말엽, 촉을 멸망시킨 위의 사마소의 아들 사마염은 위제를
폐하고 서진왕조西晉王朝를 세워 무제가 되었다. 그는 오를 쳐부숴야 한다
는 장군 양호를 형주 방면의 군사령관(진남대장군)으로 임명했다. 양호는
양양으로 부임하여 덕으로 정치를 했다. 오에서는 육항에게 군사를 맡겨
이에 대항했다.

육항도 뛰어난 인물로 역시 덕으로 정치를 했다. 두 장군은 대진하면
서도 서로 상대를 존경하여 소식을 주고받았다. 육항이 양호에게 술을
보내면 그는 기꺼이 이를 마셔 독이 들어 있지 않나 하는 의심을 조금도
하지 않았다. 육항이 병환으로 힘들어 할 때 약을 보내면 그도 의심하지
않고 곧 그것을 복용했다. 그러다 육항이 병사하자 양호는 즉시 낙양으
로 돌아가 두예를 후임으로 천거하고 당장 오를 쳐야 한다고 무제에게

상주했다. 폭군 손호를 간하여 군비를 갖추고 선정으로 오의 파국을 막고 있던 육항이 죽은 지금이야말로 절호의 기회라고 생각한 것이다. 그러나 군사회의에 참석한 사람이 거의 찬성하지 않았다. 양호는 탄식하면서 말했다.

"세상일이란 뜻대로 되지 않는 것이 십 중에 항상 칠팔이다."

무제가 두예의 재촉을 받고 개국공신 가충 등의 반대파를 눌러 출전의 명령을 내린 것은 양호가 병사한 이듬해였다.

사정을 알고 있는 사람에게는 당연한 일도, 세상이란 그렇게 생각하지 않는 법이다. 양호의 한탄은 지금의 우리 시대에서도 통한다 할 수 있겠다.

[두예]

부패조직의 붕괴는 대를 쪼개는 것과 같다

서진의 무제 밑에서 정남대장군征南大將軍이 되어 있던 양호는 오의 폭군 손호를 간하여 오의 파국을 막고 있던 육항이 죽자, 이제야말로 오를 토멸할 수 있는 기회라 보고 무제에 진언하여 자기 후임으로 두예를 천거했다. 하지만 개국공신 가충 등의 반대로 작전을 전개하지 못한 체 278년 세상을 떠났다.

양호의 자리(진남대장군)를 이어 받은 두예는 우선 서릉西陵에서 오의 명장 장정을 무찌른 다음 이듬해 비로소 오의 토멸작전을 실현시켜 279년 형주를 점령하고 오로 진입하는 작전회의를 열었다. 비와 질병에 시달리는 춘계작전을 피하여 다음, 겨울까지 기다려야 하지 않겠느냐는 의견이 나오자, 두예는 춘추시대 후기 연燕의 명장 악의가 6개국의 연합군을 이끌고 제수 남방에서 제군을 크게 무찌르고 강국 제의 칠십여 개 성을 함락시킨 예를 들어 위군의 위세가 마치 하늘을 찌르는 듯 하다는 점을 지적하면서 말했다.

　"비유해서 말하자면 대를 쪼개는 것과 같다. 몇 개인가 마디를 쪼갠 다음에는 대 쪽에서 날을 맞아들여 쉽게 쪼개진다."

　'파죽지세破竹之勢'란 대나무를 쪼개는 기세라는 뜻으로, 세력이 강대하여 대적大敵을 거침없이 물리치고 쳐들어가는 기세를 말한다. 진군은 문자 그대로 파죽지세로 진격하여 이듬해 오를 쳐부수고 천하를 통일했다.

[반악]

우매한 리더와 비위를 맞추는 자

　위를 멸망시킨 서진의 무제는 다시 오를 멸망시켜 중국을 통일했는데 2대 혜제惠帝는 기근으로 쌀값이 오르자 '가난뱅이는 고기죽을 먹으라'고 할 만큼 어리석은 군주였다. 때문에 황후 가씨(가충의 딸)가 혜제의 이복 동생인 초왕楚王으로 하여금 황태후인 양씨를 죽이게 하는 등, 실권은 황후와 외척인 가충의 양손자養孫子 가밀이 쥐게 되었다. 가밀은 그 전횡이 극에 이르렀으나, 한편으로는 귀족답게 이십사우二十四友라는 문학집단을 주재했다.

이심사우 중에는 '삼도부三都賦'로 유명한 좌씨左氏, 문무 겸비의 유곤. 오吳 출신의 육기, 육운 형제, 겉치레와 인색한 것으로 유명한 석숭, 중국의 대표적 미남인 반악 등이 있었다. 귀족사회에는 음모가 많아 양양의 두예마저 요로要路(어떤 일에 영향력이 있는 중요한 자리나 지위)에 선물하는 것을 잊지 않았다고 한다. 가밀은 교만한 인물로 반악이나 석숭은 그 권력 앞에서 꼬리를 쳤다.

'반악은 성질이 가볍고 건조하며 세리世체를 쫓고 석숭 등과 가밀에게 아부하여 가밀이 외출할 때마다 달려 나가 수레가 남기는 먼지에 대해 절했다'라고 『전서』「반악전」에 적혀 있다.

'후진後塵(사람이나 마차 따위가 지나간 뒤에 일어나는 먼지)에 절한다'는 말은 이것이 출전으로 '지위가 높은 사람에게 추종하는 것'을 말한다. 요즘은 다른 사람이 자기를 앞질러 그 밑에 서게 되는 것 등의 의미로도 쓰인다. 반악과 석숭은 영강永康 원년 팔왕八王의 난에서 가밀과 함께 주살되었다.

삼국정립시대가 지나가고 긴장이 풀리자 기다리고 있었다는 듯이 우매한 군주가 등장하고 동시에 필연적으로 가밀과 같은 자도 나타났다. 이렇게 되면 우매한 리더의 밑에는 비위를 맞추고 알랑거리는 자들이 예사로 나타나게 되고 만다. '후진에 절하는 자'의 모습은 작금의 시대에도 어쩌면 이렇게도 변함이 없는 것일까.

부록

삼국지 주요 등장인물

삼국지 연표

진수陳壽**(233~297)** 자子는 승조. 안한安漢 사람. 부친은 마속의 참모. 연좌되어 삭발형을 받음. 부친 사망 후 소외당함. 촉蜀이 멸망하자 진晉의 사관으로 벼슬하여 '삼국지'를 엮음. 후에 다시 관직에서 축출되어 병사.

후한後漢

영제靈帝**(156~189)** 이름은 굉, 후한 12대의 황제. 12세에 옹립되어 즉위. 내시의 전횡을 허용.

하진何進**(?~189)** 자는 수고, 남양·원 출신. 누이동생이 영제의 황후로 황건란으로 군사를 장악. 내시 주멸을 꾀하다 살해당함.

장각長角**(?~192)** 거록 출신. 태평도 교주, 황건군 천공天公 장군. 광종에서 병사.

동탁董卓**(?~192)** 자는 중영, 임조 출신. 하진이 불러 입락入洛. 헌제獻帝 옹립. 낙양洛陽에 불 지르고 장안으로 천도. 의붓아들 여포에게 살해됨. 맹꽁이배로 유명.

헌제獻帝(180~234) 이름은 협, 후한의 마지막 황제. 부친은 영제, 모왕母王은 미인. 재위 20년, 퇴위 후 산양후山陽侯.

여포呂布(?~198) 자는 봉선, 구원 출신. 적토마를 타다. 맹장. 배신의 일생. 조조에 의해 교수絞首

원소袁紹(?~202) 자는 본초, 여양 출신. 원술과는 명문의 사촌형제. 영제 사망 후 내시를 죽임. 반反동탁연합. 관도에서 조조에게 패하고 2년 후에 병사.

도겸陶謙(132~194) 자는 공조, 단양 출신. 조조의 아버지 숭을 죽이고 공격을 받아 대패, 유비에게 지위를 물려줌.

유표劉表(142~208) 자는 경승, 고평 출신. 전한 경제의 아들인 노공왕의 자손. 형주의 목牧, 반 내시파.

유장劉璋(?~219) 자는 계옥, 경릉 출신. 익주의 목牧.

오吳

손권孫權(182~252) 자는 중모, 오의 초대 대제大帝, 부춘 출신. 턱이 네모지고 입이 크며 벽안·자염. 18세에 형 손책의 뒤를 이어 손씨의 두령이 되어 영토를 확대. 오조吳朝를 세움.

손견孫堅(156~192) 자는 문태, 부춘 출신. 손권의 아버지. 손무의 혈통이라고 자칭. 유표와 싸워 황조의 화살을 맞은 상처 때문에 사망.

손책孫策(175~200) 자는 백부, 부춘 출신. 아버지 손견이 죽자 십팔 세로 뒤를 이어받음. 강동을 지배. 손랑이라고 불리운 미남. 수렵 중 자객에게 사살됨.

주유周瑜(175~210) 자는 공근, 노강 서 출신. 전한前漢 이래의 명문. 원술에게서 귀속. 주랑이라고 불리웠으며 같은 나이의 손책과 함께 교씨의 미인 자매를 처로 맞이함. 적벽에서 대승 후 유비를 경계.

노숙魯肅(172~217) 자는 자경, 동성 출신. 주유의 중개로 손권에게 귀속. 유비로 하여금 형주이분안荊州二分案을 받아들이게 함.

여몽呂蒙(178~220) 자는 자명, 부파 출신. 매형인 등당의 군대를 이어받아 관우를 쳤지만 그 직후 병사.

육손陸遜(183~245) 자는 백언, 오군 출신. 손권 밑에서 벼슬하여 손책의 딸을 처로 맞음. 관우를 격파하고 이릉에서 유비를 대패시킴. 오촉동맹吳蜀同盟교섭. 승상에 임명.

제갈근諸葛瑾(174~241) 자는 자유, 양군 출신. 공명의 형. 오정권吳政權의 막료. 공식적인 장소 이외에서는 아우와 만나지 않음.

위魏

조조曹操(155~220) 자는 맹덕, 패국·초 출신. 부친 숭은 하후씨夏候氏로 내시의 거물 조등의 양자. 허창을 근거지로 헌제를 옹립하여 대장군으로 임명. 승상, 위공. 딸을 황후로 하여 위왕이 됨. 죽은 뒤 무황제로 추존.

조비曹丕(187~226) 자는 자환, 위의 초대 황제. 아우 조식과 문명을 겨룸. 최초의 문예평론가. 위·문제文帝.

하후돈夏候惇(?~220) 자는 원양, 패국·초 출신. 조승의 본가출자本家出自. 여포와 싸워 왼쪽 눈을 잃음.

하후연夏候淵(?~219) 자는 묘재, 한중에서 유비와 싸워 전사.

사마의司馬懿(179~251) 자는 중달, 하남·온 출신. 형낭과 함께 조조를 모시고 재상. 진무제의 조부. 선제라 시호.

촉蜀

유비劉備(161~223) 자는 현덕, 탁 출신. 경제의 아들 중산왕·유승의 자손, 황건란 때 일어섬. 손권과 협력하여 적벽에서 대승. 익주의 목에서부터 한중왕漢中王, 촉조蜀朝를 세우다. 관우를 죽인 오吳로 출병하여 대패, 후사를 공명에 부탁하고 백제성白帝城에서 죽음.

유선劉禪(207~271) 자는 공사, 촉蜀의 2대 황제. 촉의 멸망을 가져옴.

제갈량諸葛亮(181~234) 자는 공명, 양군 출신. 유비에 영입되어 촉 건국, 승상으로 임명. 유비가 죽은 후에는 유선을 도움. 오장원五丈原에서 죽음.

관우關羽(?~219) 자는 운장, 해 출신. 유비·장비와 의형제. 미염의 호걸, 위를 공격 중 오吳의 마충의 손에 죽음. 수급首級은 낙양洛陽의 조조에게 보내짐.

장비張飛(?~221) 자는 익덕, 탁 출신. 맹장. 부하에 너무 엄격한 나머지 부장部將에게 살해됨.

마속馬謖(190~228) 자는 유상, 의성 출신. 백미의 형 마량과 함께 유비를 섬겨 공명의 사랑받았으나 가정街亭 패전의 책임을 물어 참수됨.

강유姜維(202~264) 자는 백약, 기 출신. 공명에 의해 중용됨. 공명이 죽은 후 혼자서 촉을 지탱. 유선 항복 후에 위를 배반하여 죽임을 당함.

촉蜀

위 魏